ハヤカワ文庫 NF
〈NF554〉

だれもわかってくれない

傷つかないための心理学

ハイディ・グラント・ハルヴァーソン
高橋由紀子訳

早川書房

8481

NO ONE UNDERSTANDS YOU AND
WHAT TO DO ABOUT IT
by
Heidi Grant Halvorson

Translated by
Yukiko Takahashi
Published 2020 in Japan by
HAYAKAWA PUBLISHING, INC.
This book is published in Japan by
arrangement with
HARVARD BUSINESS REVIEW PRESS
through TUTTLE-MORI AGENCY, INC., TOKYO.

目次

第三章　他者を判断する二段階のプロセス　72

PART Ⅱ　誰もが持つ、認識を歪める三つのレンズ

第四章　信用レンズ――相手を安心させるためにできること　103

PARTⅢ

パーソナリティによって変わるレンズ

PART Ⅳ　人を正しく理解し、人から正しく理解されるには

だれもわかってくれない

傷つかないための心理学

はじめに――他人があなたを見る目は歪んでいる

ヨガウェアで有名な「ルルレモン・アスレティカ」の創業者で、もとＣＥＯ兼会長の、チップ・ウィルソンという人がいます。世間では散々に言われていますが、彼はそれほど愚かな人ではないと思います。実際、起業家としても、慈善活動家としても、イノベーターとしても大成功を収め、一代で巨万の富を築いた人なのですから。愚かな人間に、そんなことを成し遂げられるはずがありません。

ところが二〇一三年、妻シャノン（ルルレモンのオリジナルアスレチックウェアのデザイナー）と共に、ブルームバーグＴＶに出演した際、彼は大へまをやらかします。ルルレモンの新商品の高級ヨガパンツには、「擦れたところが透けてくる」という苦情が出ていたのですが、キャスターにそのことを尋ねられたとき、つい言い訳がましく、こう答えてしまいました。「このヨガパンツに合わない体型の女性も、なかにはいますから。問題は、左右の太ももが擦れることと、そこにどのくらい圧力がかかるかということなんです」

彼の説明は、わかりやすく言いかえるとこうなります。「あなたの太すぎる太ももが、高級なわが社のヨガパンツを傷めているなら、それはあなたの問題でしょう。うちのパンツはたぶんあなた向きじゃないんです」。（この番組をたまたま見ていた人は、妻のシャノンが夫に送った視線に気づいたことでしょう。見たら震え上がって黙ってしまうような目つきでしたが、残念ながらウィルソンには見えなかったのです）

のちにエリザベス・ハリスが《ニューヨーク・タイムズ》紙に、控えめな表現ながらも愉快そうに、こんなことを書いていました。「テレビに出演して、太ももの太すぎる女性は——少なくともヨガパンツに関しては——望ましい顧客(こきゃく)ではない、と語ることは、アスレチックウェア会社のトップがするべきことではなかったように思う」

ウィルソンのコメントはもちろん、世の女性たちの感情を大いに傷つけました。しかし、彼はそんなつもりで発言したのでしょうか。自分が口にした言葉が顧客の気持ちを傷つけると、多少なりとも考えたでしょうか。彼はルルレモンの会長を辞任する前にビデオで謝罪を行ないましたが、その内容はおもに社員たちに向けたもので、太もものサイズを非難された顧客に向けたものではありませんでした。「このたびの事態に対し、遺憾に思っている」と言い、「全部私の責任だ」と、問題が起こったあとに誰もが使うお決まりの心のこもらないセリフを言っただけでした。

彼は自分の発言のどこが悪かったのか、自分がどうまちがっていたのか、実際にはよく理解していなかったのです。はっきり言えば、言葉の選び方はお粗末だったにしても、ひいきの顧客たちを侮辱して遠ざけるつもりなどまったくなかったということです（もちろん、妻をあれほどいらだたせるつもりもなかったはずです）。だって、そうとしか考えられないじゃありませんか。では、そういうつもりがなくて、しかも愚か者でもないとしたら、いったい彼には何が起きたのでしょうか。

エリートも自分をうまく伝えられずに悩んでいる

一年ほど前に私は、次にどんな本を書こうかとアイデアを練っていました。でも正直なところ、どのアイデアもパッとしないのです。社会心理学の分野では次々と新しい発見や理論が生まれていて、どれもみな興味を引かれるものばかりです。だから、面白いトピックがなくて悩んでいたわけではありません。ただ、面白いというだけでは不十分なのです。読者たちは、新しい気づきを求めるだけでなく、仕事や人生において実際に役立つ実用的な戦術が学べることを期待しているからです。行動に結びつく知識を得たいというのはもっともだと思います。ところが、有用で説得力に富んだ本のアイデアが、なかなか浮かんできません。

そこで私は、これまで一度もやったことのないことをしてみました……夫の意見を聞いたのです。夫は優れたビジネスマンで、経営幹部ですが、社会心理学者が書くような本、つまりマネジメント、イノベーション、モチベーション、影響力などについて書かれた本を絶対に読まない人です。私の著書ですら読んでくれません。こういう人が興味を持ってぜひ読みたいと思うようなトピックならまちがいないと思ったわけです。

「私が書くような本で、あなたが手に取ってみようと思うのはどんな本かしら？　あなただったらどんなことを知りたい？」と夫に尋ねてみました。

夫はしばし考えて、こう言いました。「しょっちゅう悩まされることで、うまい解決策が見当たらない問題が一つあるんだ。自分をどうやって人に正しく理解してもらうかということだよ。ボクは人から、批判的でよそよそしくて熱意がないと思われているような気がすることがある。自分ではそんなつもりはないんだが、どう誤解を解いたらいいかわからない。相手がどう思っているのかもよくわからないんだ。そんなテーマについて書いた本があれば、しかもそれがちゃんとした根拠に基づいて書かれたものなら、ぜひ読みたいね」

私はソファから飛び上がり、夫にキスをして、自分の書斎に駆け込んでパソコンに向かいました。夫の悩みは、誰にとっても――あのヨガウェアのウィルソンにとっても――共通の悩みであるということが、はっきりわかったからです。自分の考えていることや意図していることを、常に正しく他者に伝えることができなかったら、人は成功できません。個人でもチームでも組織でも同じです。コミュニケーションこそがすべての要（かなめ）だからです。ところが皮肉なことに、人は自分がどういう印象を相手に与えているかについて、驚くほどわかっていません。

みなさんはこの本を読み終えたあと、人にものを正しく伝えることがなぜこれほど難しいのか、よく理解できるようになっているはずです。また同時に、他の人たちがあなたの言葉や行動をどんなふうに受け取っているのかを、おそらく初めて理解するようになっていると思います。それがわかると、相手のこちらに対するイメージをうまく形づくれるようになります。つまり自分が発するメッセージを、コントロールできるようになるのです。

この本には「人にいい印象を与えるコツ」が書かれているのかと聞く人がいますが、そうではありません。それよりももっと本質的でまっとうな、「自分の本当の意図を相手に正確に伝えること」について書かれています。この世の中は人間関係がすべてで、人間は一人では何一つできません。意図を正しく伝えることは何より重要です。

誤解のしかたにもルールがある

認めたくない事実ですが、私たちは自分がこう見られたいと思うようには、他人から見られていません。人間は、自分を完全に客観的に見ることも、他者を客観的に見ることもできないからです。私たちには、他者の自分に対する反応を自分の見方に合うように歪めてしまう強い傾向があります。このことは、たとえ頭でわかっていても、それが実際に起きているときに気づくことはまずありません。

このために私生活でも仕事上でも、大きな問題が引き起こされます。人に信用してもらえなかったり、好かれなかったり、存在を無視されたりするのは、この認識のエラーによるものです。「自分がちゃんと評価されていない」と感じたり、「誤解された」と思ったり、そんなつもりはないのに相手を怒らせてしまってそのことで非難されたことはありませんか。また、身に覚えのないひどい臆測（おくそく）をされていることがわかって「そんなのあんまりだ！」と叫びたくなったことはないですか。本当に理不尽です。人が互いを認識する方法はまったくフェアではありません。実際に、相手がどんな人で、何を考えているかを認識するプロセスのほとんどは、みなさんもうすぐわかると思いますが、合理的でさえないのです。バイアスに満ち、不完全で、しかも硬直しています。それにまた、たいていの場合（全部とは言いませんが）無意識のうちに自動的に行なわれます。

自分が他人からどう見られているかを判断する私たちの直感もまた、驚くほどあてにならないものです。社会心理学は一〇〇年近くもの間、人が実際に互いをどのように認識するのかについての研究を行なってきました。それらの研究結果を総合すると、人は他者を認識するとき、誤りをおかす傾向があることはまちがいないようです。しかしこれらの誤りは、予測可能でもあります。認識のしかたは一定のルールとバイアスに支配されているので、特定することも予期することもできます。

本書の目的は、「他の人が自分を実際にはどのように見ているのかを理解し、言葉や行動を（必要なら）変化させることによって、自分が本当に送りたいと思っているシグナルを発信するための方法をお伝えすること」です。私たちの誰もがついついおかしてしまう誤りと、それをどうなくすかについて述べます。

自分が実際にどのように見られるかを知ることは、人との面談、営業の電話、上司や同僚との日常のやりとりなど、仕事上のさまざまな状況を改善するのに大いに役立つでしょう。相手によい印象を与え、その印象を維持し、尊敬され、価値を認められ、抜きん出るために、また（チップ・ウィルソンが身にしみて理解したように）現在手にしているものを失わないためにも、それは何より大切です。

この本を読み終わったあとには、過去に自分が経験した誤解の多くがどういうものだったかが何となくわかってくるのではないかと思います。さらに、効果的なコミュニケーションによって、人間関係を改善・強化し、本当のあなたを認めてもらい、ここぞというときに自分の真の意図を相手に伝えられるようになっていると思います。

パートⅠでは、人を認識するプロセスがどのように働くかの基本を説明します。認識のプロセスは、「フェーズ1（自動的に行なわれ、バイアスに満ちている段階）」と、「フェーズ2（努力を要し、より正確に認識できる段階）」とに分かれます。

パートⅡでは、バイアスを形づくるおもな色メガネについて詳しく解説します。「信用レンズ」「パワーレンズ」「エゴレンズ」の三つです。

パートⅢでは、認識する側のパーソナリティが、人の見方にどんな影響を与えるかを解説します。

パートⅣでは、自分が見られたいと思うのとは違う形で人から見られている場合にどうすればいいかについてお話しします。相手にもっと自分を正しく見てもらうためにできることはいくつかあります。また、自分が他者をより正確に判断するための方法もあります。

自分ではコントロールできない認識の側面に関しての説明が多いように感じるかもしれませんが、よかれと思って発言したり行動したりしても、それを見る相手の目は歪んでいるものだということが、本書の伝える怖い、、、、メッセージなのです。でも幸いなことに、認識というものがどのように働くのかを理解していると、他者の認識をうまく形づくることもできるようになります（相手はそのことに気づくこともありません）。

では「認識」はどのように行なわれるのでしょう。このあとの章で見ていきましょう。

PART I

互いを理解するのはなぜこんなに難しいのか

第一章　人に理解してもらうのは驚くほど難しい

なかなかのできだった、とオバマ大統領は思いました。[1]

共和党大統領候補ミット・ロムニーとの最初のディベートを終えてステージを降りたとき、彼は「勝った」と思っていたのです。選挙対策チームと打ち合わせたとおり、ゆるぎない確固とした「大統領の威厳」を見せることができたと思ったからです。側近たちは、ロムニーとの間でカッカしたやりとりをすると、オバマの好感度が損なわれると心配していましたし、大統領自身もイライラした感じに見られないように、チームが用意した辛口のジョークは使わないことにしました。相手が口論に引き込もうとしても、その手に乗らず冷静さを保つ作戦でした。[2]

あとで彼は、事実を知らされてショックを受けます。ディベートを聞いた国民の感想の多くが、オバマは「無気力でやる気が感じられなかった」というものだったのです。たしかに彼は、ロムニーの挑発を冷静に受けとめ、次々に繰り出される攻撃のパンチにもめったに反撃しませんでした。このディベートでのオバマの評価は散々で、彼のもっとも熱心なサポーターたちからの評価でさえ低いものでした。ディベート直後に行なわれたCNNの世論調査では、視聴者の六七パーセントがロムニーの勝利と答え、オバマの勝利と答えた人はわずか二五パーセントでした。

天才的スピーチ名人とされるオバマほどの人が、「自分が人々からどう見られていたか」の判断をあれほど誤ったのは、いったいなぜなのでしょう。会場にいたすべての人がはっきり感じていたことを、あとで側近から聞かされるまで気づかなかったというのはどうしてでしょう。

大統領選の行方を左右するとされるディベートで、全国の有権者がテレビで注視しているというのに、オバマが実際に「無気力でやる気がなかった」などということはありえません。でも私たちの誰もが——大統領選のディベートを経験することはまずないとしても——このときのオバマと同様のわなに陥ることはよくあるのです。

統計的には、「他の人があなたをどう見ているか」ということと、あなたが「自分は人からどう見られていると思うか」との間には、わずかな相関関係しかありません。たいていの人は自分が、同僚、配偶者、恋人などからどう思われているかについて、ほとんど知らないか、多くの思い違いをしているものです。もちろんある程度はわかっているでしょうが、多くの思い違いをしていると断言できます。

あなただけでなく誰もがみな、無意識のうちに二つのまちがった思い込みによって行動しています。一つは他の人は自分を客観的に見てくれているという思い込み。もう一つは自分が自分自身を見るのと同じように、他の人も自分を見てくれているという思い込みです。

どちらの思い込みもまちがっていて、それは二つの単純な理由によります。

誤解が生じる理由その1
——人は、謎に包まれたわかりにくい存在だから

第一に、あなたという人間は、自分で思うよりもずっと「読みにくい」存在です。というより、世の中には謎に包まれていない人などいません。誰かのことを完全に、一〇

○パーセントわかるためには、その心の中を直接のぞき込む必要がありますが、どれほど神経科学が発達してもそれは不可能です。したがって必然的に、あなたは周囲の人々にとって「謎」のままなのです。

それにあなた自身も、**きちんとわかってもらうための努力を、思ったほどしていません。**自分がどれだけはっきり感じていても、感情は外からよく見えませんし、顔の表情などはそれほど表現力がないのです。研究によれば、非常に強い根源的感情である「驚き」、「恐怖」、「嫌悪感」、「怒り」などは比較的読み取りやすいですが、私たちが日常感じるような微妙な感情などは、読み取りにくいようです。たとえば、ちょっとイライラしているときの表情は、少し心配しているとき、混乱しているとき、がっかりしているとき、緊張しているときの表情とほとんど同じです。

自分では、「君の今の言葉で、ボクはちょっと傷ついた」という表情をしているつもりでも、その顔は「そんな言葉では別に傷ついたりしないさ」という表情とさして変わりません。あなたが「自分の気持ちは相手に明確に伝えた」とか「彼は私の考えをわかっているはずだわ」などと思っているとき、ほとんどの場合、あなたの気持ちは伝わっていませんし、彼はまったくわかっていません。

心理学では、これを透明性の錯覚（さっかく）（transparency illusion）と呼びます。これはどんな人にも起こる現象です。たとえば、マニトバ大学のジャッキー・フォラウとステファニー＝ダニエル・クロードの研究を見てみましょう。彼らが興味を持ったのは、交渉をする人がどのくらい素早く、「相手の目標や意図するところ」を見抜くかということでした。これはどんな交渉においても、大変重要な情報です。

研究者たちは、実験の参加者たちにペアになってもらい、個人間の問題を一緒に解決するよう指示しました。問題は簡単に解決策が見つかるようなものではなく、たとえば「妹がある男と結婚しようとしている。しかし自分はその選択はまちがいだと思っている。相手の男は信用できない。他にも女がいると思える。しかし妹はその男に夢中だ。さてどうすればいいか」といったような問題です。[3]

話し合いを始める前、参加者たちに個別に、次の五つのうちのどれかを、交渉における「最重要目標」として、言葉には出さずに態度に表すように指示しました。

（1）自分の考えを堅持し、決して曲げない

（2）最後に選んだ解決法に、相手が満足するようにすること。そのためにはこちらの価値観や信念に関して少々妥協しても構わない

（3）双方が妥協する回数を同じにすること

（4）ベストの解決策を見つけることだけを考える。相手との関係がそれによってどうなるかなどは気にしなくていい

（5）相手に好感を持たれること

話し合いが終わったあと、各参加者に、相手の目標は、話し合いの態度から見て、右の五つのうちのどれだったかと尋ねます。相手が目標として考えていたことは、どれくらい透明性があったでしょうか。結果は「ほとんど見えていない」というものでした。正しく推測できた確率は、全体の二六パーセントに過ぎず、サイコロを振って当てるよりちょっとましな程度です。次に、それぞれの参加者に、自分の意図はどのくらい「透明」だったと思うかと尋ねました。すると六〇パーセントの人が、「自分の目標はみえみえだったと思う」と答えたのです。

「わかりやすい人」は生きやすい人

一〇〇パーセント「謎」という人はいないでしょうが、他者から見て比較的「わかりやすい人」と「わかりにくい人」がいます。わかりやすい人たちというのは、相手に誤解されないやり方で、自分を表現しているようです。こういうことを、心理学者たちは

judgeable（判断可能）という言い方をしますし、パーソナリティの専門家であるディヴィッド・ファンダーはそういう人を「グッド・ターゲット」と呼びます。

「わかりやすい人」になるには何が必要でしょうか。ファンダーは、人が他者の考えていることを正確に推測するためには、次の四つが不可欠だといいます。

（1）認識する側に、情報が与えられること
（2）その情報が、意味を持つものであること
（3）認識する側が、その情報に気づいて注目すること
（4）認識する側が、その情報を正しく使うこと[4]

まず、あなたが（つまり認識される側の人が）コントロールできる部分について見ていきましょう。それ以外の部分、つまり認識する側がどのように、あなたの発する情報に気づいて解釈するかは、次の章で詳しくお話しします。

わかりやすい人間であるためには、**自分に関する情報が人に伝わるようにしなければならず、さらに伝えたいと思う自分の特徴や性格を裏づけるものが必要です。**たとえばハーバードをトップの成績で卒業したことが知られていても、それだけではあなたがど

んなに人間として魅力的か、信頼できる人か、クリエイティブか、レジリエント（挫折から立ち直る力があること）かなどはまったくわかりません。あなたがもしシャイで控えめで、自分の考えや気持ちをあまり表さないとすると、まわりの人はあなたのことを（シャイで控えめな人だということ以外は）ほとんど何も知らないと思った方がいいでしょう。

ここで危ないのは、**人は情報の空白を勝手に埋める傾向がある**ということです。まわりの人は、あなたのパーソナリティを想像してプロフィールをつくり上げてしまい、その真偽はまったくあてになりません（たぶんまちがっています）。

人間関係を操るのがうまい人は、これを利用します。大学院にいたときの同僚で、特に恋愛に関してとても控えめな人がいました。つき合っている彼女にも自分の思いや感情をほとんど表さないので、外からは何もわかりません。私は彼に「これでは女性とうまくいかないんじゃない？」と尋ねたことがあります。彼は実に率直な答えを返してくれました。それをわざとやっているというのです。黙っていると、女性たちはたいていそれをよい方に解釈してくれるからです。

「彼って本当にミステリアス。ものごとを深く考える人なんだわ。傷ついた過去を持つのかも……きっとすごく繊細な人なのね……」

彼女たちがつくり上げるパーソナリティの方が、実際の彼よりはるかに魅力的なのだそうです。彼にとって、「沈黙は金」だったわけです。心理学者としてこの話をとても興味深く思う一方で、独身女性としては「何だか怖い話だな」とも思いました。

その話はともかくとして、人から見てわかりやすいこと、本当の自分をすぐに理解してもらえる方がいいことはまちがいありません。「わかりやすい人」は心理的適応力が高いことも、研究の結果が示しています。そういう人は、幸福で、人生にも仕事にも満足して暮らしていて、よい人間関係を維持でき、目的意識をしっかり持って生きています。また、正直に生きているという感覚があり、自分に自信を持っています。

それは実にもっともなことです。しょっちゅう人から誤解される人は、まわりから思いもかけない反応や評価がもたらされるたびに、心をかき乱されたり自信を失ったりするものですが、正しく見てもらえればそういう目に遭いません。人があなたを理解し、ふさわしい機会やサポートを与えてくれれば、生きることはずっと楽になり、得るものの多い人生になります。

誤解が生じる理由その2
――人は他人を自分が見たいように見るから

「人が自分を客観的に見てくれるだろう」と、「自分が自分を見るのと同じように人も見てくれているだろう」という最大の思い込みがまちがっている理由の二つ目は、人があなたから得た情報、つまりあなたの言葉や行動は、常に相手の解釈を経て意味を与えられるということです。

これは理解しにくいかもしれません。人は何かを認識するとき、何らかの解釈をしているという感覚を持たないからです。私たちはそこにあるものをそのまま見ていると思い、そこに解釈が含まれているとは思いません。

たとえばこんな状況を思い浮かべてみてください。スーパーで、近所に住むスティーブがあなたの方に駆け寄ってきて、「やあ、会えてうれしいよ!」と言いました。別に紛らわしい状況でもありませんね。スティーブはあなたに好意を持っていて、会えたことを喜んでいるのでしょう――彼が皮肉を言っているのでなければ、ですが(彼の言い方には変な感じがなかっただろうか。目をそらしたりしなかっただろうか)。あるいは、彼は何か下心があって、会えてうれしいふりをしているのでしょうか(そういえば今は月末だ。スティーブは、いつも月末にはスッカラカンのはず）。それとも、単に社交辞令で会えてうれしいと言っただけかもしれません。

あなたとスティーブはその後、スーパーの通路で立ち話を始めます。でもなぜか、スティーブの視線がしばしばあらぬ方をさまようのです。なんだか失礼な態度です。実に感じが悪い――でも彼は何かほかのことを考えていたのかもしれないし（そういえば彼のお母さんが病気だと誰かが言ってた）、単に別の理由で集中できなかっただけかもしれません（なんといっても買い物の途中だったんだし……）。

「やあ、会えてよかった！」というような言葉とか、彼の「視線があらぬ方へ向く」というような行動に遭遇すると、私たちはそれをカギにして、相手がどんな人かを理解しようとします。でもその言葉も行動も、それ自体にさほど意味があるわけではないので、そのときの状況やすでに知っていること（あるいは知っていると思い込んでいること）を総合して、言葉や行動に意味づけをしなければなりません。スティーブに好感を持たれているとふだんから思っていれば、彼の言葉は心からの親しみのこもったものとなるし、このところ彼の態度はよそよそしかったと感じていたなら、彼の誠意を疑い、「留守中に猫の餌やりでも頼むつもりか」とかんぐったりするでしょう。

このように、言葉も行動もそれに意味を与えるためには「解釈」が必要になるので、人はあなたを事実に基づいて客観的に見てはくれません。また、自分の思いや真の意図を表現する方法は人それぞれなので、まわりの人がそれを推察しようとすれば、人によってかなり違うものになります。だからあなたが自分自身を見るようには、人はあなたを見ていないのです。

好かれるときは同様の理由で好かれ、嫌われるときはさまざまな理由で嫌われる

人によって、他者に対する見方はいろいろです。たとえばオバマ大統領は、自分自身をかなり有能な人間だと思っているでしょう。なんといっても二つの名門私立大学で学位を取り、《ハーバード・ロー・レビュー》の編集委員長を務め、上院議員に選ばれ、最終的に大統領にまでなったのですから。でもすべての人がそう見ているでしょうか。二〇一二年、ピュー・リサーチ・センターは、千人の米国民にオバマを一言で言い表してもらうという調査を行ないました。人々が使った言葉はそれこそ千差万別。多かったのは「偉大」や「知性」などですが、それと同じくらい「失敗者」や「無能」などの言葉もありました。「正直」と書いた人と「嘘つき」と書いた人の数は、ほぼ同じでした。(ジョー・バイデン副大統領の場合も気の毒なことに同様で、一番多かったのは「よい」、その次が僅差で「まぬけ」でした)

有名人に関して尋ねると、人々の意見はみなさんが想像するよりずっとバラバラです。たとえば、ある心理学者のチームが、二〇〇人以上のドイツ人に、ドイツでよく知られている一五人の著名人（ローマ法王ベネディクト一六世、女優のアンジェリーナ・ジョリー、イタリア元首相シルヴィオ・ベルルスコーニ、デザイナーのカール・ラガーフェルド、歌手のマドンナ[6]、その他）のパーソナリティについて意見を尋ねました。調査の参加者たちは、三〇の形容詞のリスト（向こう見ず、人に親切、元気がいい、自己中心的、責任感がある、恥ずかしがり、怒りっぽいなど）の中から、それぞれの著名人にふさわしいと思うものを選ぶように指示されました。

その結果、その著名人に対してもとから好感を持っていた人たちの間では、評価の相関係数は平均〇・六七でした。つまり、誰かを好意的に見ている人たちは、互いの意見がかなり近いということです。

（ちょっと簡単に相関性のおさらいをしましょう。相関係数が一・〇ということは完全な関係があるという意味で、一方があれば他方も必ずあるということ。一に近いほど強い関係があります。また相関係数が〇であれば、その二つのことがらは無関係ということになります）

その著名人を好きでも嫌いでもない人たちの意見の相関係数は、〇・四四。その著名人をもともと嫌いだった人たちの意見の相関係数は、〇・三三でした（つまり意見に大きな相違があったということ）。トルストイふうに言えば、**あなたのファンはみな同じようにあなたを見てくれているのに対し、嫌いな人はそれぞれ違う理由であなたを嫌っているということのようです。**

身近な人もわかってくれない

もちろん、著名人に対する認識が分かれるのは、その相手を直接知らないから当然だとも言えます。私たちはその人物がテレビや映画に出ているのを見たり、雑誌のインタビュー記事を読んだり、ツイッターやフェイスブックの書き込みを読んだりして知っている程度です。あるいは、テレビの解説者、文化評論家、ゴシップ好きな人などの意見によって知っただけかもしれません。

「だから自分を直接知っている人なら、自分と同じように見てくれるはずだ」とみなさんは思うでしょうね。研究者たちは次に、学生寮に住む四〇〇人近い大学生に、自分とルームメイトのパーソナリティについて記述してもらいました。相手をよく知っていることや、長い時間一緒に暮らしていることが、認識にどう影響するかを調べるためです。[7]つまり長く一緒に住むにしたがって、人の自身に対する見方に、相手の見方が近づいてくるかどうかを知ろうとしたのです。結果はそのとおりでしたが、それは少なくとも九ヵ月たってからのことでした。両者の認識が同調し始めるのには、それほどの時が必要なのです。

そうなってからでさえ、学生の自身に対する見方と、ルームメイトの見方の相関係数は驚くほど低く、せいぜい〇・二から〇・五の間でした。女子学生同士は、男子学生同士よりも似通っていました。その理由ははっきりしませんが、たぶん女性の方が人を的確に理解でき、また自分がどう思われているかをより敏感に感じとれるのでしょう。裏を返せば、女性の自分自身に対する認識は、人からどう思われているかに影響されやすいとも言えます。

一般的に女性の方が男性より、人間関係に対して敏感で、またそれを気にするということが、調査の結果にも表れています。ですから、女性は男性に比べ、人を正しく理解することと、自分が人からどう見られるかに、時間とエネルギーをより多く投じていると言えます。とはいっても女性同士でも、その人自身の見方と、相手の女性の見方との相関係数はよくてまずまずというところです。

では今度は、本当に互いをよく知っているはずの人間同士を見てみましょう。たとえば夫婦です。夫婦は生活を共にし、人生の山と谷、辛いことと楽しいことを一緒に経験し、たいていは寝室も共にしているでしょう。それだけの親密な知識を持っていれば当然、「夫（妻）は、私と同じ見方で、私を理解してくれているに違いない」と思いますよね。

ところが実際には……夫婦の間にも大きな認識の違いがあるのです。興味深いことに、これらの違いもかなり予測可能です。四四組の夫婦を対象にしたある研究が、夫婦間のバイアスをうまく説明しています。四四組のおよそ半数は結婚カウンセリングに通っている夫婦、残りはそうでない夫婦です。

研究者たちが「悩みを抱えたグループ」と呼ぶ前者のグループは、互いをネガティブなバイアスで見ている可能性が高いカップルです。彼らは伴侶を、本人が思うよりも悪く見ていて、相手のよくない行ないを個人的資質のせいにする傾向がありました。[8] たとえば、夫のラリーは、自分自身について「非常に良心的な人間で、時々ごみを出すのを忘れるくらいのことはあるが、そんなのは誰でもやることだ」と思っているかもしれませんが、妻のスーザンはラリーについて「無責任で配慮のない人間で、いつも自分が尻拭いをさせられる」と感じています。

カウンセリングを受けていないカップルたち（悩みのないグループ）は、相手に対してポジティブなバイアスを持っていて、もっと寛大です。だから夫のボブがごみを出し忘れても、妻のメアリーは「単にうっかりしただけ。ここのところ仕事が忙しかったから無理もないわ。それに、頭のいい人が上の空でいることって、よくあるじゃない」などと考えます。

もしかしたら、スーザンが正しくてメアリーは単にお人好しなのかもしれませんが、どちらのバイアスが正しくて、どちらがまちがいだという問題ではありません。実際には、どんなバイアスも文字どおり、状況によってまちがいとなります。

いままで見てきたことを考え合わせると、友人や恋人の間の誤解がなぜこうもひんぱんに起きるのか、大きな成功や幸福をもたらすカギともいえる人間関係がなぜこれほどストレスだらけなのか、よくわかります。

みなさんは今、こんなことを思っていませんか。「もっとも近しいはずの夫婦でさえ互いを理解し合えないなら、そしてアメリカ大統領でさえ、コミュニケーションのプロをたくさん抱えていながら、意図したとおりに自分を世間に示すことができないのだとしたら、上司に自分の潜在的な能力をわかってもらうことや、同僚に自分がどのくらい努力しているかを認めてもらうことなど、できるはずがない」と。

次の章からは、私たちがどのくらい互いのことに注意を払っていないか、どのくらい勝手な憶測に頼っているかということを見ていきます。

この章のポイント

★私たちは自分で思うほど、情報を周囲の人に発信していません。「彼は私の言いたいことはわかっているはず」とか「私は自分の気持ちをはっきり示した」というとき、おそらく彼はわかっていないし、あなたはまったく明確に示していません。私たちの顔は、期待するほどには表現力がないのです。少々退屈しているときの顔は、多少興味を引かれているときの顔や、少し心配しているときの顔とそっくりです。

★私たちは二つの思い込みをしがちです。
（1）人が自分を客観的に見てくれているという思い込み
（2）自分が自分を見るのと同じように、他人も見てくれているという思い込み実際には、他者のあなたに対する見方は、人によってさまざまです。

★私たちが外から見てわかりにくい理由はおもに二つあります。

（1）人はそもそもわかりにくい存在である

（2）私たちの言動は常に相手の解釈を経て認識される

第二章　人は認識のエネルギーをケチる

一九八〇年代、心理学者のスーザン・フィスクとシェリー・テイラーは、人間の誰もが持つことが研究によって明らかになったある傾向を、どう表現したらいいだろうと考えていました。その傾向とは、必要だと思えることだけを考えて、それ以上は考えないということです。そして「認知的倹約家（cognitive miser）」という表現が生まれました。つまり私たちはみな、『クリスマス・キャロル』に出てくる守銭奴のスクルージみたいなものです。スクルージの場合は、お金はうなるほどあるのに、家を暖める少々の石炭さえケチるわけですが、人間は、豊かな精神的エネルギーと情報処理能力を持っているくせに、よほど必要にかられない限りそれを出し惜しみます。用事を済ませるのに、できるだけ簡単で効率的な思考プロセスで済ませようとするのです。

これは私たちが怠惰だからというわけではなく（それも多少あるとは思いますが）、むしろ必要にかられてと言った方がいいでしょう。身のまわりにはあまりにも多くのことが起こり、注意を払ったり、理解したり、対処したりしなければならないので、それらすべてに偏りなく集中していられません。したがって、人があなたを意図したとおりに理解してくれないのは、あなたがもともとわかりにくい人だからだけでなく、相手が**注意力をケチる**からなのです。

人が何かを考えるときは、ほかのあらゆる複雑なプロセスと同じように、「スピード」と「正確さ」の兼ね合いが問題になります。急げばミスが増えます。完璧に入念にやろうとすれば、いつまでたっても終わりません。のちにフィスクが言ったように、人はみな「**動機づけられた戦術家（motivated tacticians）**」です。その時々の動機づけ（モチベーション）のレベルに応じて、思考を簡単にするか、早く済ませるか、頑張るか、まちがいのないようにするかを、戦略的に選択しているのです。そしてたいていの場合は、概要がわかれば事足りるので、スピードが重視されます。

認識の努力をケチる私たちのお気に入りの手抜きツールは、**ヒューリスティクスと憶測**です。ヒューリスティクスというのは、たとえば「すぐに思い浮かぶことはより多く起こるように感じる」といった思考のパターンです。たとえば「あなたのおじさんのフィルはしょっちゅうかんしゃくを起こしますか？」と聞かれたとします。あなたはおじさんが何回もかんしゃくを起こしたのを覚えているので、たぶん「はい、年中かんしゃくを起こします」と答えます。しかしそういう状況がなかなか思い出せなければ、おじさんは羊のようにおとなしい人だと結論づけるでしょう。たいていの経験則がそうであるように、このヒューリスティクスも、多くの場合は正しい結論を導きます。しかしそれが見当違いの方向に人を連れていくこともありえるのです。

あまり考えずに答えてみてください。雷に打たれるのとサメに襲われるのでは、どっちの確率が高いでしょうか。ほとんどの人はサメに襲われる方と答えます。しかし実際には、米国内で毎年およそ五〇〇人が雷に打たれるのに対し、サメに襲われる人はわずか一〇人から一五人程度です。《ナショナル・ジオグラフィック》誌のウェブサイトの「シャーク・ウィーク」を見ていたら、面白い記述がありました。一九九六年にサメに噛まれた人は一三人でしたが、その年にトイレでケガをした人が四万三千人、部屋用の芳香スプレーで負傷した人が二六〇〇人だそうです)[1]

それでも、サメの方が落雷やトイレや芳香スプレーより危険に思えるのはなぜでしょう。それは誰かがサメに噛まれたりすると、ニュースで報道されるからです。そもそも、(スピルバーグ監督のせいもありますが)人はサメに襲われることに根源的な恐怖を持っているので、こういうニュースは世間の耳目を引きます。しかし雷に打たれたというニュースはめったに見ないし、トイレで転んでふたに頭を打ちつけた人の話はニュースになりません。まして芳香スプレー……どうやってケガをするのでしょうね。ともあれ、言いたいことはわかっていただけたと思います。

認識のエネルギーをケチる私たちがよく使うもう一つの手抜きツールは「憶測」です。これにはさまざまな形があります。あなたを認識する人があなたのどこを見るか、その情報をどう解釈するか、その結果をどう記憶に残すかなどのプロセスに働きかけて、認識の重要な部分を形づくるのが「憶測」です。このあとは、「憶測」がどれほど強力にあらゆる面に影響するかを見ていきます。

見たいことしか見てくれない

認識を左右する憶測の中でも、もっともよく行なわれて影響力が強いのは、自分がそこに見出すだろうと予想しているものだけを見るという傾向です。心理学者は、これを確証バイアス（confirmation bias）と呼びます。

相手が何らかの理由で、あなたを頭のいい人だと信じていると、あなたが何をやっても、それを「知性の表れ」だと思ってくれます。しかしあなたが信用ならない人だと思い込んでいる人は、あなたがしっかり相手の目を見ないことも、体の動きがぎこちないことも——本当は単に恥ずかしがり屋だったり、ほかのことに気を取られたり、おなかの調子が悪かったりしただけなのに——何か後ろ暗いことがあるに違いないと思うのです。

「確証バイアス」は多くの要因によって形づくられます。属しているグループのステレオタイプで見られることもあれば、別の知人と似ているためにおそらく同じだろうと思われてしまうこともあります。また双方の文化の違いも大きな要因の一つです。それにもちろん、相手が過去にあなたに関する何らかの経験を持っていれば、それも大きな影響を与えます。

この最後の要因は、憶測に関しては、かなり理にかなっています。あなたがこれまで社交的だったとか、悲観主義的だったとか、カッとなりやすかったとかいうことを相手が知っていれば、これからもそうだろうと思われ、それにしたがって解釈されるわけです。あなたが冗談好きと知っていれば、あなたが攻撃的とも取れるきわどい発言をしても、人はそれをジョークと解釈するでしょう。過去の経験が的確な解釈に導いてくれるのです。

印象ははじめに決まってしまう

問題は、以前の印象が強すぎて不正確なイメージをつくり上げ、人の判断をまちがった方へ導いてしまう場合があるということです。心理学者はこういう現象を初頭効果(primacy effect)と呼びます。最初にその人を観察して得た情報が、その後の情報を解釈したり記憶したりするときに影響を及ぼすことです。

たとえば二人の子どもが、三〇問の数学のテストを受けるとします。ティミーは前半の一五問のうち一四問に正解しました。シャーロットは六問正解でした。そして後半、成績は逆転します。シャーロットは後半一五問のうち一四問に正解、ティミーは六問の正解にとどまりました。客観的に見て、この子どもたちの成績は同レベルです。二人とも三〇問のうち二〇問正解だったわけです。ですからテストの様子を見ていた人は全員、二人の数学能力は同じと結論づけるはずですね。

ところが、まったくそうはならないのです。何回調査を行なっても、ティミーの方が、能力が高いと判定されます。数学教師のような専門家ですらそう判定しました。[2] これは、前半の成績は後半の成績に比べ、はるかに強力な影響を人々の判断に及ぼすからです。簡単に言えば、テストが半分終わった時点で、認識する側の人々はティミーが賢くて、シャーロットは劣ると結論づけてしまったのです。その後にどんなことが起きても、最初の印象を変えるほどの影響を与えることはありません。

大器晩成型や、最初はだめでもあとから力を発揮する挽回タイプの人たちにとって、こういう調査結果はショックですね。でも、最初の印象を変えるのは、不可能ではないまでも、かなり難しいのです。シャーロットがこのハンディを乗り越えるには、数学能力の高さを示す証拠を山ほど示さなければならないでしょう。一方ティミーは最初の成功のおかげで、その後当分は楽々とやっていけます。問題は、シャーロットのような子が補習コースに入れられてしまったり、数学を専攻することをあきらめさせられたりして、最初の印象を覆すチャンスが与えられないことです。

若い俳優たちの場合も同様で、最初にろくでもない映画に出されてしまうと、それが俳優としての将来に大きく響きます。逆に、最初にいい映画に出演できた俳優は、その後、低俗な映画に出演しても、それによってイメージが傷つくことはありません（「シー・デビル」に出たメリル・ストリープみたいに）。

親が四〇歳にもなったわが子を一二歳の子ども同様に扱うのも、「初頭効果」のなせるわざです。親にとってわが子は、いつまでも最初に認識したときのまま、「ナイーブで世間知らずで浅はかな子ども」でしかありません。私の母もいまだに私のことを「だらしなくて注意散漫」と言います。プランニングや時間管理に関する本を書いたり講演をしたりして生計を立てているのにです。私の顔を見るたびに「メモを書く習慣をつけなきゃだめよ」と言うのです。やれやれ……

つくられた印象はなかなか変わらない

何をやっても善意に解釈してくれる人がいる一方で、別の人からは何をやってもけなされるという経験をしたことがありませんか。それもほとんどの場合、「初頭効果」が関係しています。私はこういう状況を「ベン・スティラーのバラード」と呼んでいます。

ベン・スティラーという俳優がいます。彼は映画の中で、悪気のないまじめな男なのに、最初の五分間に悪印象を持たれ、残りの八五分間かけてそれを何とか回復させようとするけれどもうまくはいかないという気の毒な役回りをよく演じます。「ミート・ザ・ペアレンツ」「ナイトミュージアム」「メリーに首ったけ」「トロピック・サンダー／史上最低の作戦」など、どの映画でも、スティラーが演じているのは、何らかの過ちをおかし、それを深く恥じている男です。人々は彼を、嘘つき、負け犬、愚か者、無能などのイメージで見ます。彼は「それは自分の本当の姿ではない」ということを示そうとしますが、彼が何をしても、過去の行動のイメージを通してしか見てもらえないのです。

私たちの多くは、（幸いなことに）これほど徹底的に悪いイメージをつくることなく済んでいると思いますが、この種のバイアスを持たれているという点では誰もが同じです。**あなたを知っている人、とりわけよく知っている人は、これまで見てきたのと同じようにこれからもあなたを見ようとします。**

「初頭効果」の研究で特に優れていると私が思うのは、何組かの親しい友人同士のペアを集めて行なった実験です。参加者たちに（個別に）それぞれ親友のパーソナリティの特性（愉快、頭がいい、クリエイティブ、自己主張できるなど）をできるだけ多岐にわたって書き出してもらいます。次にペアのうちの一人をランダムに選んで対象者、もう一人を評価者に決めます。対象者は四つの課題を行なうように指示され、その様子をあとで評価者がビデオで見ます。

最初の課題はまあふつうで、知識を問うクイズですが、「エベレストの高さは？」「東京の人口は？」など、結構難しいものが含まれています。次の課題はロール・プレイで、「隣人（実際には研究スタッフ）」に電話をして、ステレオの音を小さくしてほしいと頼むこと。三つ目の課題は、簡単なストーリーを即興で創作することです。ただしその中に「コルク栓抜き」「休暇」「大災害」「グローブボックス」という言葉が含まれているという条件がつきます（簡単だと思うならやってみてください）。最後の課題では、好きな歌を歌い、お気に入りのジョークを披露し、さらにはパントマイムで「パーティ」を表現するなどと、大変なことを要求されます。（この実験参加者たちにいくら謝礼が支払われたか知りませんが、いくらもらっても足りない気がします）

運よく評価者になった方の参加者は、四つの課題における友人のパフォーマンスについて、先ほど挙げた特性のリストに沿って、行動はどれくらい知的だったか、どれくらい愉快だったか、どれくらいクリエイティブだったかなどを評価するように依頼されます。その結果を、バイアスのない観察者（つまり見ず知らずの人）の行なった評価と比べたところ、友人が行なった評価は、驚くほどに歪んだものでした。つまり実際に行なわれたパフォーマンスに対する評価ではなく、その人がもともと持っている意見をほぼ完全に反映したものだったのです。たとえば、ハリーが語ったジョークがまるでひどいものだったとしても、親友のボブは、ハリーをふだんから愉快な奴だと思っていればそれを面白いと言うし、知識のクイズで散々のできだったとしても、本当は頭のいい男だと思っていれば、単にテストが難しすぎるだけだと考えるわけです。

簡単に言えば、これが、友人、恋人、同僚、部下などに対する意見を修正することが難しい理由です。認識する側の人間が頑固だからでも、わざと現実を見ないようにしているからでもなく、単に他の人に見えているものが目に入らないのです。認識を導いている「思い込み」が他の人と違うからです。これまでの思い込みによほどそぐわないことが起きれば気がつくかもしれませんが、わずかに違うくらいのことがあっても、それは無視されたり解釈し直されたりして、思い込みに合うように変えられてしまいます。

そのため**一度つくられてしまった印象をあとから変えることは大変困難であり、だからこそ第一印象を正しくすることが大事**なのです。他者の自分に対する意見を変えたいと思うなら、よほど目立つことをするか、さもなければあきらめた方がいいということになります。

属するグループで決めつけられてしまう

ほとんどの状況において、人はあなたが属する（あるいは属しているように見える）グループの**ステレオタイプ**（ある集団やあるカテゴリーに属する人たちに対して人々が持っているイメージ）によって、あなたの行動や言葉を解釈します。そして多くの場合、自分がそうしていることにすら気がつきません。

そのステレオタイプ自体を肯定していなくたって影響されます。

ステレオタイプというのは、基本的には一種の**カテゴリー化**で、人間の脳はそれが速やかに自動的に行なわれるように進化してきました。カテゴリー化によって、正しく行動したり、新しいものに比較的たやすく対処したりできるのです。

たとえば、知らない部屋に入っていって、テーブルの近くにある物体を見たときに、その「脚が四本あって上に平らな四角い面を持ち、動くことなく、木でできているように見える」ものがイスであるとすぐにわかります。知らないイスを見るたびに、あるいはリンゴ、犬、木などを見るたびに、それが何であるかを初めから考えなければならないとしたら、どれほど大変か想像してみてください。未知の惑星を訪れた人間みたいなもので、あらゆる物体が目新しく不可思議に見え、自分にとって安全かどうかもわからないということになります。でも私たちは、ひとたびイスの基本的な形と用途を理解すれば、どこで初めてのイスに出合っても容易に理解できます。その特定のイスをこれまで一度も見たことがなくても、その物体はそこで食事をするものでも、なでるためのものでもなく、登るためのものでもないことがわかります。つまり世界に通用する「イス鑑別家」です。イスだけでなく車でも、岩でも、魚でも、私たちはたいがいのものを、一目見ただけで判別できます。私たちの脳はそのようにつくられているのです。

また、それぞれのカテゴリーに属するものに対して、人は何らかの考えを持っています。たとえば、岩は固いと信じています。車はガソリンで走り、魚は泳ぐと思っています。これらの思い込みは、決して一〇〇パーセント正確ではありません。死んだ魚は泳がないし、ガソリンを入れても走らない車もあります。でも思い込みは便利なガイドラインで、それによって何か特定のものの行動を予測でき、それにどう対処するかを知ることができます。

ステレオタイプというのは、私たちが人々のカテゴリーに対して持っている思い込みです。私たちは人をジェンダー、人種、性的指向、民族、職業、社会経済的階層など、さまざまな形でカテゴリー化しています。なかには「アジア人は数学がよくできる」とか「消防士は勇敢だ」など、肯定的なものもありますが、まったくそうでないものもあります。(「赤毛の人間はかんしゃく持ち」とか「女性は弱い」とか「貧しい人たちは怠け者だ」などというものです)

また、それらとは別の種類の違いによって、人々をカテゴリー化することもあります。たとえば趣味、関心、能力などの違いもステレオタイプを生みます。SFファンは頭がいいとか、社会性が劣るとか、戸外が苦手などと思われています。ジャズファンはあごひげを生やし、皮肉屋で、自分でピクルスを漬けるなどと思われています。環境活動家はリベラルで、神経質で、ピクルスを漬けるとしても地元産のオーガニック野菜しか使わないと思われています。

私たちは、顔かたちによっても人をカテゴリー化しますが、それは時に驚くべき結果につながることがあります。たとえば童顔の人たち、つまり目が大きく、眉毛が目と離れていて細めで、オデコが広く、あごが小さく、丸顔の人たちは、もっと大人っぽい顔の人たちに比べ、より無邪気で信頼できると思われがちです。童顔の人たちは、無垢そのものの赤ん坊を連想させるので、無理もありません。しかし赤ちゃんが意図して悪いことをしないからといって、童顔の大人たちが悪いことをしないという根拠はありません。こういう人たちが罪を犯したとき、このステレオタイプは法廷での裁きにどのように影響するでしょうか。

研究者たちは、少額裁判所における判例を五〇〇件以上調べ、被告の「童顔度」が、有罪の判定に非常に大きな影響を及ぼしていることを突き止めました。意図的な器物損害の訴え（たとえば、大げんかの末に相手の家のフェンスに車を突っ込んで壊したなど）のケースで、もっとも大人びた顔の被告人は、その九二パーセントが有罪とされたのに対し、もっとも童顔の被告人が有罪になったのは、四五パーセントに過ぎなかったそうです。一方、過失による損害（たとえば、よく後ろを見ずに車をバックさせて隣家のフェンスに突っ込んだなど）の場合は逆で、童顔の被告たちは八五パーセントが有罪となり、大人っぽい顔の被告たちの場合は、有罪が五八パーセントだったといいます。[3]

つまり、非常に可愛らしい顔の人（ジェニファー・ローレンス、レオナルド・ディカプリオ、あるいは若き日のマーク・ハミルなど）が、隣家のベゴニアを踏みつぶしたとしても、子犬がじゃれついてきたか、ラジオで愉快な音楽でも聴いていてうっかりやってしまったのだと思ってもらえそうです。しかし、クリント・イーストウッドがベゴニアを踏み荒したら、まずまちがいなくわざとやったと思われます。童顔の人たちがヘマをやるのは自然な感じがするのに、彼らが悪意をもって何かをしたと考えるのは抵抗があるようです。一方で、大人っぽい顔の人は「悪い行ないができる人間」だと思われがちで、まぬけな人間だとは思われにくいようです。大人っぽい顔の人の言うことは、真面目に受け取ってもらえますが、完全には信用されません。いいような悪いような――というところでしょうか。

ステレオタイプを有利に使いこなそう

ステレオタイプというと、本質的にネガティヴなものと考えがちですが、そうとも限りません。童顔の人が信頼できると思われるのと同様、アジア人は数学と科学に強いと思われ、女性はやさしくて世話好きと思われ、黒人は運動神経が優れていると思われています。ステレオタイプは、人が他者をどのように見るかということで、いいものもあればよくないものもあります。また、このグループの人たちはこうだと世間が思い込んでいる特徴にその人の行動や外見や話し方が合致していると、ステレオタイプはより強く適用されます。

実は、ステレオタイプを自分に有利に使うことも可能です。そのことは、私たちも本能的にある程度知っていて、仕事の場にふさわしく身なりを整えたり、周囲の人に溶け込もうとしたりします。まだ大学生の頃、私は最初の職探しでベル研究所の仕事に応募しましたが、スーツに身を包み、髪をきちんと後ろで束ね、薄化粧で面接に臨んだものです。典型的なベル研究所の科学者の感じに見せたかったのです。そうすれば研究所は、研究員のステレオタイプ（知的で、真面目で、規律正しい）の特質を、私も持っていると見てくれるだろうと考えたからです。もし典型的な大学生スタイル——フランネルのシャツ、ショートパンツ、野球帽（一九九〇年代初めの話ですから）——で出かけていったら、研究所は、研究者にはふさわしくない「未熟で世間知らずの大学生」というまったく別のステレオタイプで私を見たことでしょう。

この場合は、どのグループに属しているように見られたいかがはっきりしているので容易ですが、こんなふうにうまく使い分けられない場合もあります。一つのステレオタイプの中の両立が難しい複数の特徴を伝えたいときなどです。

管理職のポジションに二人の候補がいて、面接をするとします。二人とも優れた経歴を持っています。一人は新しい思い切ったアイデアをどんどん出すタイプに見えるのに対し、もう一人は優秀であることは明らかですが、それほどクリエイティブに見えません。この二人のうち、どちらがポジションを獲得するでしょうか？　また、どちらが雇われるべきだと思いますか？

どちらがこの管理職のポジションを得るかというと、おそらくは、あまりクリエイティブでない方の候補者です。なぜでしょう。クリエイティブな能力、つまり問題に対して革新的なソリューションを生み出す能力は、どんなビジネスリーダーにとっても成功のために必要なはずです。調査の結果も、クリエイティブなリーダーは、組織にポジティブな変化を与え、部下たちを、リーダーについていく気持ちにさせるとしています。[4]

問題は、人々が考える典型的な「クリエイティブな人」と、典型的な「優れたリーダー」が、まったく相容れないことなのです。「クリエイティブな人」というと、デザイナー、ミュージシャン、物書きのような人たちで、「社会規範に従わず、異端で、大企業が管理職にしたいと思わないような人たち」というステレオタイプで見られがちです。優れたリーダーは組織に秩序をもたらすべきで、ぶち壊しにかかるようでは困ると考えられているのです。

人々は無意識のうちに、「クリエイティブな人」はいいリーダーにはなれないと思い込んでいて、候補者の中にクリエイティブな特質を見出すと、それはリーダーとしての資質を損なうものだと考えてしまいます。ある調査で、約三〇〇人の社員が（匿名で）問題解決の課題に取り組んだ結果を、五五人の同僚に評価してもらいました。評価のポイントは、その解決法がクリエイティブか（つまりそのアイデアが新しくて実効性があるか）という点と、その人にリーダーとしての資質が見られるかという点です。その結果、「クリエイティブな能力」と「リーダーとしての資質」の間には、強い負の相関関係があることがわかりました。つまり、課題に対する答えがクリエイティブなほど、リーダーとしての資質は少ないと見られていたのです。[5]

もう一つの調査を見てみましょう。参加者たちに「航空会社が乗客からもっと利益を上げるにはどうすればいいか」という課題を与え、一〇分以内で「評価者」にアイデアを売り込むように指示します。ただし前もって、参加者の半数には、「クリエイティブな回答（新しくて有用なアイデア。たとえばフライト中に、乗客同士のギャンブル遊びを提供するなど）」を出すようにと指示し、残りの半数には、「あまり奇抜でない実用的な回答（たとえば、機内食を有料にするなど）」を出すようにと指示してあります。評価をする人たちは、参加者がそんな指示を受けていることは知りません。彼らは、クリエイティブな答えを出した人たちを、リーダーシップに著しく欠けると評価しました。クリエイティブであることが今ほど高く評価されている時代はありません。それにもかかわらず、いざリーダーを選ぶとなると、クリエイティブな人に対する明らかな無意識の偏見があるのです。これもステレオタイプによるものです。企業はリーダーシップ能力のある人を選ぼうとするのですが、このバイアスのために、意に反して創造性に乏しい「現状維持型人間」をリーダーに選んでしまいます。

優れた特質にだまされる

外見が魅力的な人というのは、頭も良く、正直で、クリエイティブで、親切でしょうか？「そんなことないよ」と、みなさんは言うでしょう。「外見の良さと、能力や性格は別ものじゃないか」と。まったくそのとおりです。しかし私たちの頭の中の認知的ケチは、少々違う見方をします。抜きん出たよい特質を一つ持った人を見ると、ほかにもよい特質を持っているに違いないと思い込む傾向があります。これをハロー効果(halo effect)といいます。第一印象は修正されることに抵抗しますから、ますます第一印象が重要だというわけです。ハンサムで魅力的な人がいると、たぶん頭も良くて信頼のおける人だろうと思いがちです。また逆ハローというのもあり、外見が悪くて魅力がない人は、つまらない人だとか信用がおけない人だと思われてしまいがちです。こういう現象は広く一般的に見られます。

この現象を取り上げた調査で私が大変面白いと思ったのは、ロナルド・レーガン大統領が辞任した数年後に行なわれた調査で、参加者たちに、「レーガンがユーリカ・カレッジに在籍していた頃の成績（GPA）はどのくらいだったと思うか」と質問したのです。もちろん、ほとんどの人は事実を知りえないわけですが、レーガンが好きだった人は「平均A」と答え、レーガンが嫌いだった人は「平均C」と答えました。好き嫌いの程度が際立っていた参加者ほど、自分の答えに絶対的な自信を持っていました。（ちなみに、彼の成績は平均Cでした。どうでもいいことですが、みなさんが知りたいかと思って……）[6]

ハロー効果は、ほぼ無意識のもう一つのプロセスによってさらに強化されます。ある人に対して矛盾する見方を持つと（たとえばジョンはいい人だと思っているのに、税金をごまかしていたと知ったときなど）認知的不協和（cognitive dissonance）が生じ、心理的に落ち着かなくなるのです。そういう気持ちを言葉で表してもらうと、人々は「つきまとって離れない居心地の悪さ」とか「緊張がほぐれない感じ」などと描写します。この不協和を解消して、居心地の悪さをなくすためには、どちらか一方の見方を変える必要があります。ジョンが税金をごまかした事実を無視するか、さもなければ「実は彼はいい人間じゃなかったのだ」と考えなければなりません。したがって、ある人が何らかのよい特質を持っていると信じたら、ほかにもいい点がたくさんあると考えておく方が「認知的不協和」の心配がなくて簡単なのです。その方が心が乱されることなく、穏やかでいられるからです。

みな同じように考えるものだと思い込む

私たちはもう一つ、自分が心理的に楽になるように、ある思い込みを無意識に使っています。「他の人も、自分と同じように考えたり感じたりするはずだ」という思い込みです。他人の考えや感じ方を知ることは容易ではありません。相手の言葉や行動の中にヒントを探り、そのときの状況を注意深く考察し、自分自身の視点をひとまず置いて、相手の視点に立ってみる必要があります。それを正しく行なうのは大変ですから、認知的ケチである私たちは、あまりやりたくありません。そこで簡単に、他の人も自分と同じように感じているはずだと思い込むことになります。

こういう傾向は偽の合意効果（false-consensus effect）と呼ばれ、身の回りにいくらでも見出せます。[7]少数派の過激な政治グループが、まるで国民すべてを代表して発言しているような言い方をするのを聞いて、不思議に思ったことがありませんか。彼らはこの国のあり方について、誰もが自分たちに賛成してくれると本気で思っているのです。思い込んでいるので、世論調査をすれば違うことがわかるはずなのに、お金をかけてまでそんなことはやりません。

恥ずかしがりの人は「恥ずかしがる傾向」というのは実際よりも普遍的なものだと思っています。すぐに落ち込む人、何でも楽観的に考える人、涼しい日でも汗をかく人など、どんな特徴を持つ人も同様です。宗教観からアイスクリームのフレーバーの好みまで、他の人も自分と同じ意見だと思いがちです。「だって、それがふつうでしょ？」というわけです。

とりわけ、自分の悪い習慣や欠点について、誰だって同じだろうと思う傾向がありまず。それが正常だと思うのです。すぐにカッとなる人、税金をごまかす人、不倫をする人、タバコを吸う人、酒を飲む人、ドラッグをやる人なども、世間の人々がそれらの誘惑に負ける頻度を、実際よりも多く見積もります。「誰だってやっている。自分はふつう」と思っているわけです。

「わたしだけの長所」という思い込み

ところが、よいことに関してはまったく話が違います。人は誰でも、自分は人並み以上に立派な価値観を持ち、大体において正直で、親切で、能力があると信じる傾向があります。心理学者はこういう思い込みを偽のユニークネス（false uniqueness）と呼びます。

とてもいい例が、スタンフォード大学の心理学者で、『アイデアのちから』の著者でもあるチップ・ハースの論文の中に見られます。それによると、ほとんどの人は、自分は内因性（ないいんせい）の動機づけ要因（たとえばスキル開発など）がキャリアにとってもっとも重要と考えるが、他の人は外因性の動機づけ要因（たとえば報酬など）を重視しているだろうと思っているのだそうです。言い換えれば、多くの人は、自分の仕事に関する見方が、同僚たちよりも高尚で正統的だと思っているわけです。

ハースの研究チームは、シカゴ大学のＭＢＡ（経営学修士）たちに、仕事に関するモチベーションとなりそうな項目を八つ示し、個人的な価値観に基づいてそれらに順位をつけるように依頼しました。そしてその後、シティバンクのある部署の顧客サービス担当者だったらどんな順位をつけるかを推測してもらったのです。[8]最後に、研究チームはそのシティバンクの顧客サービス担当者たちに、自分自身のモチベーションについて、順位づけをしてもらいました。

シカゴ大学のＭＢＡたちは、「新しいことを学ぶ」「スキルを開発する」「自分に自信を持つ」の三つを最大のモチベーションと答え、「報酬」は四番目でした。そして彼らにシティバンクの担当者のモチベーションについて推測させると、トップ三つまでがすべて外因性の要因で、「報酬」、「職の安定性」、「諸手当」でした。ところが皮肉なことに、シティバンクの担当者に同じことを尋ねると、給料は四番目でさえなく、はるか下の七番目だったのです。トップの三つはＭＢＡたちと同じで、四番目はもう一つの内因性のモチベーション「何か価値のある仕事を成し遂げる」でした。

この調査結果からは、もう一つ大事なことが読み取れます。ＭＢＡたちが自分のモチベーションの要因について聞かれたときに、報酬などをトップに位置づけたのは全体の二二パーセントに過ぎませんでしたが、他者のモチベーションを推測した場合にはその要因の割合が八五パーセントでした。これは「偽のユニークネス」の働きによるもので

図2-1

十戒の順守に関して、自分と他の人たちをどのように見ているか

	自分	他の人たち
・呪いの言葉や神を冒瀆する言葉は使わない	64%	15%
・安息日には教会、シナゴーグ、モスクへ行く	64%	22%
・両親を敬う	95%	49%
・殺してはいけない	91%	71%
・配偶者以外の人と性的関係を持ってはいけない	86%	45%
・物を盗んではいけない	90%	54%
・他者に関して偽りを言ってはいけない	88%	33%
・人の持ち物を羨んではいけない	76%	23%
・人の夫や妻を欲しがってはいけない	84%	42%
・真の神だけを崇拝する	81%	49%

す。こういう勝手な思い込みが引き起こす問題は何だと思いますか。それは、チームをまちがった方法で動機づけようとするために、チームのモチベーションがさっぱり上がらないという事態です。

「偽のユニークネス」の例として私が面白いと思うのは（何年も大学の講義で話してきたことですが）、一九八〇年代に行なわれた全国調査の結果です。[9] 回答者たちに、「モーセの十戒」に示された戒律をどのくらい守っているかを尋ね、さらに一般的なアメリカ人はどのくらい守っていると思うかを尋ねたのです。（図2-1）

これらの結果には、いくつかの点で驚きがあります。そもそも、一〇人に一人のアメリカ人が、殺人を犯したか、あるいは犯さなかった自信がないというのは、いったいどういうことなんでしょう……。それはともかくとして、はっきりわかることは、私たちは一般的に、同朋のモラルを実に低く見ているということです。もしこの数字が正確なら、世の中の多くの人間は嘘つきで、妻や夫を裏切り、嫉妬深く、神に背き、泥棒で、両親に悪口雑言を投げつけているということになり、善男善女はほんの一握りしかいないということになります。

無意識の思い込みについて知っておこう

これまでお話ししたことをまとめると、人は誰でもいくつかの思い込みを無意識に働かせているということです。周囲の人たちがあなたを見るときにも、その思い込みで見ていることはまちがいありません（もちろん、その人たちにはそういう意識はまったくないのです）。

- 人は（あなたに関する）過去の経験をもとに推測したとおりにあなたを判断する。
- 相手にとっては、第一印象が常に正しい。それがあなたに対する見方のすべてに影響する。
- 人はあなたを判断するとき、属するグループの他のメンバーと同じだと考える。

・よい特質を何か持っていると（頭がいい、容姿がいい、ユーモアに長けている、親切など）、それ以外の点もいい方に解釈してもらえる。
・人は、あなたが自分と同じ意見、感情、性格上の弱点などを持つと思っている。しかし道徳的基準や能力に関しては、自分ほどではないと考える。

人を判断するときには、たとえ初対面でも、その人をまったくゼロから考え始めることはありません。認識する側の頭の中には、あなたが言葉を発する前から、たくさんの詳細な情報が次々に送り込まれていきます。このことを知っておくと、自分がどういう立場にいて何をすべきかがわかると思います。また、相手が何を好み、何を嫌い、どういう強みと弱点を持っているのかをつかんでおけば、自分が相手にどんな印象を与えるかがわかり、適切に準備ができます。

またこの間ずっと受け身でいなくてもいいのです。たとえば自分から進んで、自分の属するグループを強調したり、優れた特質を示したりして、ポジティブなステレオタイプや「ハロー効果」をつくり出すこともできます。その後「初頭効果」を有利に利用できます。初対面のときに頑張って第一印象をできるだけいいものにしておけば、その後「初頭効果」を有利に利用できます。

さらに、自分の意見や価値観をできるだけ見えやすいものにすることも大事です。最初に悪い印象を与えてしまった場合や、自分がその後変わったことを相手にわかってもらいたいときは、相手が思い込みをアップデートしてくれるような戦略を使うこともできます（詳しくは第九章を見てください）。しかし、どういうやり方を使うにしても、大事なのは**自分のいま置かれている立場をしっかりと知ること**です。なかでも、相手の思い込みは常に働いているので、それをきちんと理解することが必要です。

人間は、ステレオタイプで判断した第一印象に基づいて、ろくに考えもせずに結論を出すようにつくられているのですが、幸い私たちは、そうする価値があると思えば、印象を修正することもできます。

この章のポイント

★多くの場合、私たちは「認知的倹約家」です。脳は大量の情報を処理しなければならないため、できるだけ精神的エネルギーを節約します。したがって他者を理解しようとするときも、多くのショートカットや憶測を用いるのです。

★それらのショートカットの中で一番強力なのはおそらく、「確証バイアス」です。簡単に言えば、人は「見ると予想していること」を見るということです。

★「初頭効果」が働くため、あなたに対する第一印象は長く継続し、相手はあなたに関するすべてのことをそれにしたがって解釈することになります……ですから、うまくいかないことがあっても気にしすぎないように。

★人がステレオタイプで他者を見るのは、（ふつうは）彼らが根っからの偏屈だからではありません。思い込みで他者を判断する理由は、人間の脳が、カテゴリーに関する情報を使ってそこに属するものを理解するようにできているからです。カテゴリー化の対象には人間も含まれるので、無意識のうちにステレオタイプが働きます。ですから「私は偏見で人を見ることは絶対ない」と大真面目に言う人も、自分がいつもどれほどステレオタイプを使っているか知らないだけなのです。

★一般的に、人は自分の意見や生き方にほかの人たちも同感であると思い込んでいます。ただし能力やモラルに関しては、自分は人より才能があって善良だと思い込んでいます。ですから相手にどう思われても、それはあなた個人の問題ではないということです。

第三章　他者を判断する二段階のプロセス

ネブラスカ州オマハ出身のこの若きダンサーは、すでにブロードウェイで一定の成功を収めていましたが、なんとか映画の世界で一旗揚げたいものだと思っていました。しかし最初はなかなか思ったようにいきません。MGMでのスクリーンテストでは、アシスタントプロデューサーが「この程度のダンサーなら、週七五ドルも出せばいくらでも雇える」と言い、不採用でした。次に受けたRKOラジオピクチャーズでも同様で、彼の評価は「演技力なし。少々ハゲ。ダンスは多少できる」というものでした。たしかに彼は、ハリウッドに集まってくる若者たちの中で、決してハンサムな方ではなかったでしょう。髪の毛も薄くなりかけていたし、痩せすぎでもありました。

しかし彼にとってラッキーだったのは「風と共に去りぬ」のプロデューサーとしてのちに名を上げるデイヴィッド・O・セルズニックが、彼にチャンスを与えてみようと思ったことでした。セルズニックはスクリーンテストを食い入るように見つめ、他の人が見出せなかった何かをそこに見つけました。セルズニックはこう書いています。「確信があったわけではない。耳が大きすぎるし、あごの形が悪い。だがそれにもかかわらず、彼のたぐいまれな魅力が、このお粗末なテストからでも感じられた」この魅力の持ち主こそ、もうお気づきかもしれませんが、あのフレッド・アステアです。[1]

「この程度のダンサーなら週七五ドルで雇える」ですって？　この同じダンサーを、著名な振付師であるジョージ・バランシンは「当代に並ぶもののない、もっとも心惹かれる、独創的で、優雅なダンサー」と評し、ソ連出身のバレエダンサー、ミハイル・バリシニコフは「誰もまねのできない完璧なダンス」と称えています。「演技力がない」？冗談じゃない。アステアはいくつもエミー賞、ゴールデングローブ賞を受け、アカデミー賞にもノミネートされています。「少々ハゲ」？　まあ、これはしかたない。でもだから何だというのです。ハゲていても、アメリカン[A]・フィルム[F]・インスティチュート[I]は彼を、映画史上五番目に偉大な男優に挙げています。ハンフリー・ボガート（彼のあごの形もイマイチです）、ケイリー・グラント、ジェームズ・スチュワート、そしてマーロン・ブランドに次いで五番目です。

アステアをスクリーンテストした人たちが、こんなとんでもない判断ミスをしたのは、他者を認識する行為が二つの異なる段階によって行なわれるからです。そして認知的ケチである私たちは多くの場合、誤解と偏見に満ちた第一段階から先に進もうとしません。

ハーバード大学のダニエル・ギルバートは、『明日の幸せを科学する』の著者としても、PBSのテレビシリーズ「This Emotional Life」のホストとしても有名です。また彼が「オーディナリー・パーソノロジー」と呼ぶ研究の中心的存在でもあります。これはごくふつうの人たちが、その時どきの心の状態（感情、意図、欲求など）や、常に持っている持続的な特徴（信念、傾向、能力など）を互いにどのように認識するかという研究です。[2]一九八〇年代に彼がテキサス大学オースティン校においてブレット・ペラム、ダグラス・クリュルらと行なった画期的な研究は、「他者を認識するときには二段階のプロセスがある」という重要な洞察を与えてくれました。[3]

葬儀の場で泣いている人を見たと仮定します。認識の第一段階（フェーズ1）では、「この人はなんで泣いているのだろう」と思い、「すごく感じやすい人なんだ」などと考えます。もちろんこんな自問自答は自動的に瞬時に行なわれるので、意識にはのぼりません。またこの考察にはエネルギーもほとんど使われないので、引き出される結論はバイアスに満ちたものです。

認識の第二段階（フェーズ2）では、そのときの状況など、それまで考慮しなかった要素を加えて、最初の見方を修正したり、少々加減したりします。「葬儀で泣く人はたくさんいる。考えてみれば、泣いているからといって特に感じやすいということにはならない。誰だってそういう状況ではあんな行動をとるものだ」

ダニエル・カーネマンの『ファスト&スロー』を読んだ方は、すでに気づいていると思いますが、認識の「フェーズ1」というのは、カーネマンが言うところの「システムⅠ」の一部です。これは自動的で、比較的努力が不要で、ほとんど私たちの意識の外で行なわれていて、コントロールできない精神の働きです。人の顔や声の中に瞬時に怒りを読み取ることができるのも、雑談に興じながら慣れた道を運転できるのも、2＋2というのを見て、実際に足し算をしなくても4という答えがすぐにわかるのもこの働きです。これらはすべて、前章でお話しした憶測やバイアスによるものです。「システムⅠ」は常にオンになっているので、それをオフにするという選択肢はありません。[4]

認識の「フェーズ2」は、カーネマンが言うところの「システムⅡ」の一部です。こちらはより複雑で、努力と注意力を要し、たいていは意識的に行なわれます。「システムⅡ」は必要とされるときだけ働きます。この精神の働きによって、たとえば、怒らせてしまった人に対して注意深い謝罪の言葉を考えることができ、外国でいつもと反対の車線を走ることができ、21×53というような面倒な計算をやってのけることができます。

つまり「システムII」は重要な仕事を請け負っているのです。正しく行なうことが困難で、しかも重大な意味を持つ仕事です。

他の人について、完全で正確な理解をしようと思えば、必ず「フェーズ2」のプロセスまでいかなければなりません。問題は「フェーズ2」が努力を伴うことなのです。相手の態度に影響しそうな要因をすべて考察してバイアスを避けるために、かなり真剣に脳を働かせる必要があります。したがって何らかのモチベーションが必要です。さもなくば人は「フェーズ1」でよく考えずに下した判断を修正しようとしません。

ギルバートとその研究チームは、この二つのフェーズにおけるプロセスを例証するために、認識する人の「フェーズ2」まで進む能力に操作を加える方法を用いました。彼らの研究でもっとも有名なのは、女性の実験参加者たちに七つのビデオを見てもらうものです。これらのビデオの中では、若い女性が初対面の人と話をしています。自己紹介をしながら、自分を印象づけようとしているようです。それぞれの映像にはサブタイトルがついていて、女性が相手と話しているトピックが示され、音声はありません。七つのうちの五つでは、若い女性は見るからに不安そうで落ち着きがありません。

参加者の一部には、何か不安を生じるような話題、たとえば秘密、個人的な挫折、屈辱的な出来事、性的空想などに関するサブタイトルを見せて、若い女性がそういう話を

図3-1

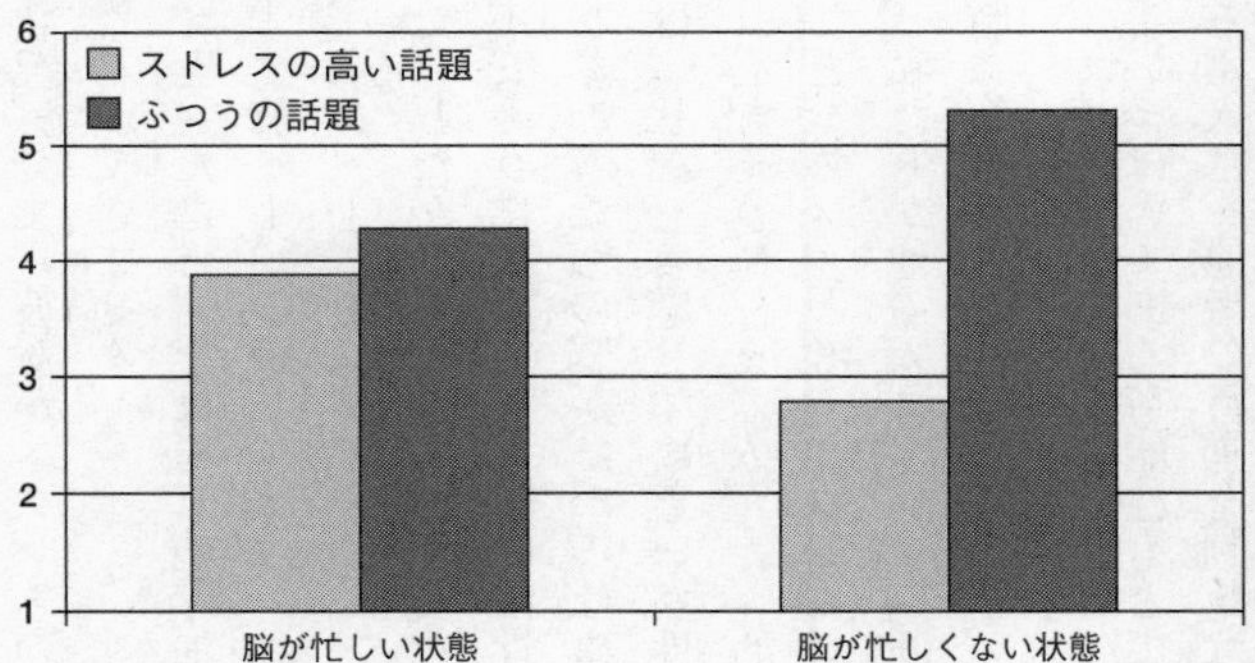

脳がほかのことで占められていた人たちは、ストレスを受けている女性を見て、その状況を考慮して判断することをしない傾向にあった。

出典：ダニエル・ギルバート、ブレット・ペラム、ダグラス・クリュル

していると思うように誘導しました。残りの参加者たちには、女性がもっとふつうの話題、たとえば評判の本、よいレストラン、外国旅行などについて語っていると知らせます。

またそれぞれのグループの半分の参加者には、映像を見ながら会話のトピックを暗記するように指示し、他のことが考えられないようにします。これを指示された参加者たちは「フェーズ２」に入ることがますます難しくなります。「フェーズ２」のプロセスは努力と精神的負担が必要になるからです。暗記を強いられた参加者たちはそれに注意を奪われ、若い女性に対する印象がつくられた

ときの状況、つまり彼女がストレスの多い話をしていたかふつうの話をしていたかを考慮することができません。

ビデオを見たあと、それぞれの参加者は、この若い女性が「心配性」かどうかを尋ねられます。前ページの図3‐1は、参加者たちの脳がほかの仕事で忙しい状態にないときには、「フェーズ2」までいくことを示しています。彼らは状況を考慮することができました。したがって、誰でも不安になるような話題について話をしていた若い女性がたとえ不安そうに見えても、「心配性」であると結論づけることはありませんでした。

しかし参加者たちの脳がほかの仕事で忙しく、「フェーズ1」から先に進めなかった場合には、状況を考慮せずに若い女性を、「心配性」と判断しました。「フェーズ1」では、「心配そうに見える人」と「心配性の人」の区別ができないのです。

このことをちょっと考えてみてください。この考察が意味していることは驚くべきことです。私たちが他の人について判断するときに、ほかに考えることがいっぱいあったり、同時に複数のことをしていたり、何らかのストレスを受けていたりすることはしょっちゅうあります。逆に言えば、他の人があなたに関して判断するときに、脳がほかのことで手いっぱいである可能性もとても高いということです。

もちろん人は、他者の行動を判断するのに、環境さえ整っていれば――つまり関わるすべての要素を実際に把握していて、それを考慮しようとする気持ちがあるならば――きちんと判断できる能力を持っています。ところが現代の日常生活では、人を判断する環境は理想とはほど遠いものですし、人々はあなたを的確に判断しようと心に決めているとは限りません。したがって認識は多くの場合、「フェーズ1」から先に進まないことになります。

また、すでにお話ししたいろいろな認知的バイアスもありますから、それらが「フェーズ1」が始まるよりも先にバイアスの土台をつくってしまっています。この「前フェーズ1」の段階では、観察した相手の行動に何らかの意味を与えて、その行動をカテゴリー化しようとします。この際には、相手の行動をできるだけその人が意図していることに関連づけて特定しようとする傾向があります。したがって、「フランクの拳がボブの顔にくっついている」と見たままを認識することはなく、「フランクがボブを殴った」と判断するのです。どちらの描写も同じくらい正しいはずですが、「殴った」というのは、フランクがボブを痛めつけようとする意図を意味していて、たまたま拳がボブの顔にぶつかってしまったということではありません。

こういうずれが生じるのは、客観性を欠いた「解釈」が行動を見ることによって始まるからです。ギルバートの実験で、若い女性がビデオの映像の中で不安げにしていましたね。動揺した様子で、そわそわして、落ち着かない感じでした。相手の目も見ません。こういう態度は「不安」を意味すると、多くの人が思っています。しかし、女性が男性よりもずっと感情的で不安を覚えやすいと一般的に思われていることを考えると、もし男性が同じような態度をとった場合に、女性の場合と同じように「不安そうだ」と判断されたでしょうか。もしかすると同じ態度が、もっと男性的な「フラストレーション」「いらだち」「倦怠」といった印象で伝わったかもしれません。先ほど言ったように、自動的で無意識のバイアスは、「フェーズ1」が始まる前からすでに私たちの認識に影響していて、その後に起こることをまったく違う方向に導いていくのです。

したがって、「フェーズ1」で人がいろいろな見誤りをすることを、あまり責めることはできません。もちろん責めたっていいのですが、本人が意識もせず、コントロールもできずにやっていることを非難することになるので、あまりフェアではありませんね。だいいち、あなたも同じことをしているのですから。

ここまで読んでくださったみなさんは、のんびり待っていれば、他の人が自分のことをきっと正確に判断してくれるだろうと思うのはまちがいだということをわかってくださったと思います。自分から積極的に働きかける必要があるのです。

ではまず、あなたを認識しようとする人の「フェーズ1」ではどんなことが起きているのかを見ていくことにしましょう。そこではすべてが「自動的」に起こること、あなたの言動がたった一種類の説明で判断されやすいこと、限られた情報の中であなたのイメージが、「特性」を表す言葉を使ってひどくおおざっぱに描かれてしまうこと、などを説明していきます。

フェーズ1――思い込みにより自動的に他人を判断する

何かが「自動的」というのは、どういう意味でしょうか。心理学者の多くは、行動が「自動的」とされるためには四つの条件が満たされるべきだと考えています。

（1）本人が気づかないうちに起こる
（2）意識的な意図なしに起こる
（3）特に努力を必要とせずに起こる
（4）完全にでなくても、ほとんどコントロール不能である長年の心理学研究によって、他者の行動に意味づけをしてその人に対する判断を下すときの認識者の脳の働きは、以上の四つの要素をすべて満たしていることがわかっています。

人が他者を認識するときはまず、何をしているかにかかわらず、その行動がその人に関すること（パーソナリティ、性格、能力など）を反映していると憶測します。前に書いたように、まさにこれが「フェーズ1」で起きていることです。心理学者はこれを対応バイアス（correspondence bias）と呼びます。つまり何らかの行動とそれを行なった人を結びつけて考える傾向のことです。したがってあなたがミーティングに遅刻すると、真剣味が足りない人だと思われます。マリアがカッとなると、怒りっぽい人だと思われます。

これらの判断が正しい場合もあるかもしれません。しかし、人が一日に行なうことのうちのはたしてどれだけが、その人のパーソナリティや性格を示すものでしょう。一方で、人は自分の行動について考えたときには、日々の行動の多くが、自分の性格と関わるものではなく、「同じ状況なら誰もがする当たり前のこと」だと認識しています。ミーティングに遅れたのは、仕事に没頭していて時間になったことに気づかなかったか、あるいは道が渋滞していたせいだと考えます。カッとなったのは、ひどくいらだたしいことやストレスに満ちたことが起きたか、あるいは足の上に物を落としたのだからしかたないと考えます。

したがって、自分以外の人についても「行動と性格を結びつけるのは正しい判断でなく、偏りがあるかもしれない」という認識は、ギルバートが「冷静な洞察に基づくもの」[5]と書いているように、直感とは明らかに異なるものです。そしてそう考えるのは、実のところ少々不快でもあります。私たちはみな、自分だけは特別で世界の中心であると思いたいのです。他の人たちも、同じ状況であれば、自分と同じことをするのだという気づきは、自分が特別の存在であるという感覚や、自己コントロール感を傷つけます。そういうわけで、この対応バイアスは、私たちの認識を迷わせているにもかかわらず、誰にでもあるのです。

「対応バイアス」の例として一番有名なのは、おそらく心理学者エドワード・ジョーンズとヴィクター・ハリスが一九六七年に行なった画期的な研究でしょう。[6]キューバのミサイル危機からわずか五年ほどのちに行なわれたものです。フィデル・カストロは当時、米国人の間で非常に不人気でした。ジョーンズたちは、研究に参加した大学生たちに、カストロに関する短いエッセイを読んでもらいました。

一つのグループが読まされたのは、カストロとその政策を擁護するエッセイ、別のグループの方は、カストロをえんえん非難する文章です。また各グループのうちの半数には、エッセイは匿名の大学生が自由意志で書いたものであると説明し、残りの半数には、教官が賛否のどちらかを指定して学生に書かせたものであると説明しました。そしてエッセイを読んだ学生たちに、筆者の本当の考え方、つまり筆者が個人的にどのくらいカストロが好きかを、〇から一〇〇の間で（〇はカストロに対する深い憎悪、一〇〇は深い愛着）推測するように指示しました。

一九六七年当時、おそらく多くの人がカストロを嫌っていたので、ふつうの人のカストロに対する好感度はかなり低かった（二〇くらい）と想像できます。

ただし、その人が特定の視点を擁護するようなエッセイを書かされたのであれば（高校でよくそんな演習をさせられました）、そういう内容を書いたという事実は理論上、その人の真の意図をまったく示していないということです。ですから、そんなエッセイをその人の考え方の指標にできるはずがありませんね。

ところが案に相違して、人というのはそれをしてしまいます。図3-2を見るとわかるように、エッセイが「自由意志」で書かれたと伝えられた学生たちは、カストロ寄りのエッセイに平均約六〇をつけ、反カストロのエッセイに平均二〇以下をつけました。ここまではもっともな結果ですね。このあとが、なんとも不思議で悩ましいところです。

図3-2

このエッセイの筆者は、本当にカストロが好きなのだろうか？

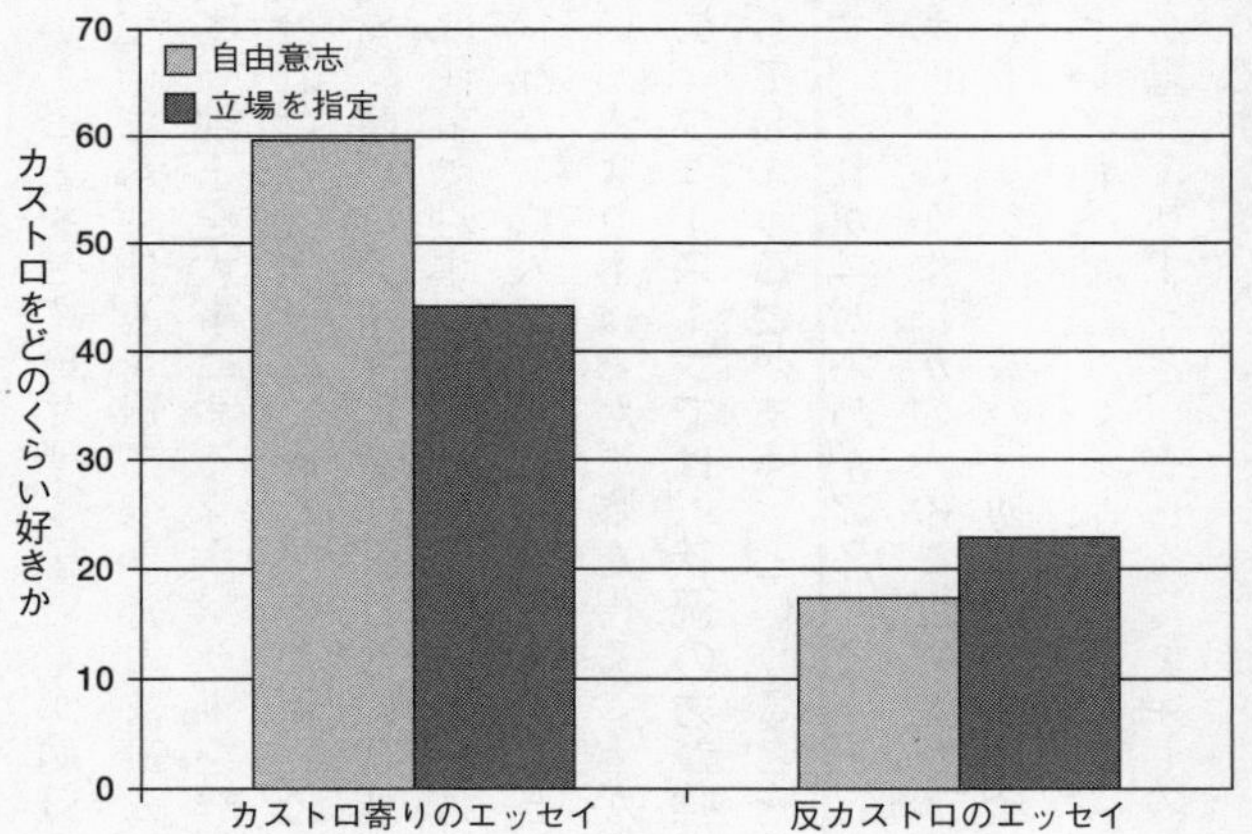

エッセイの意見は、ある立場を指定されて書かれたものだと言われていたのに、読者はそれがカストロに対する筆者の本当の気持ちを反映していると推測した。

出典：エドワード・ジョーンズ、ヴィクター・ハリス、1967.

「自分の意志に関係なく書かされたエッセイ」だと伝えられたグループは、そう言われたにもかかわらずカストロ寄りのエッセイに四四をつけたのです！「自由意志」と言われたグループよりは低いにしろ、反カストロのエッセイ（二三）よりもはるかに高い点数です。

これもまた、よく分析してみる必要がある調査結果です。私たちはみな毎日、あらゆる種類の「自分の思いにかかわらずしなければならない」ことをしています。子どもが病気になれば、親はどれほど仕事のことを真剣に考えていても、休みを取るしかありません。管理職は、経営上の理由や上からの指示によって、部下を大事にするマネジャーを解雇したり、能力のある人の昇進を見送ったりしなければなりません。職を失った何百万人もの人は、どんなに働く意欲があっても、何ヵ月も、時には何年も仕事に就けない状態が続きます。それでも、働く親たち（特に母親）は仕事に対する真剣味がないと思われるし、管理職たちは自分ではいかんともしがたい状況なのに人を解雇したことを責められます。そして失業した人たちは、仕事を持っている人よりもはるかに職を得ることが難しくなります。

認識の「フェーズ1」では、状況の力が強力に——時に完全に——人の行動をコントロールしてしまうことがある、ということをまったく考えません。状況を考慮に入れないのです。それが「対応バイアス」です。

「私たちが、いかにほかの人のことをわかっていないか」ということがわかってきたのではないでしょうか。人の行動は状況や規範や好みに左右され、実際にはその人固有の性質について何も語っていないということも、わかってきたと思います。人というのは私たちが思うよりずっと、そして「フェーズ1」の見かけよりも、ずっと理解しにくいものなのです。

人は違う状況で違う人のようになるもの

「フェーズ1」の前段階では、誰かの行動を言い表すのに、その人の「意図（その人が何をしようとしているのか）」について述べるのがふつうですが、「フェーズ1」では、その人の「特性」で表現するのがふつうのようです。たとえば、誰かの行動を見て、この人は「頭がいい」「愉快だ」「クリエイティブだ」「信用ならない」「内気だ」などと言います。

特性で捉えることは、私たちがお互いのイメージを思い浮かべるうえでも、大きな役割を果たしています。みなさんに、奥さん、ご主人、上司など身近な人について「その人はどういう人ですか」と尋ねたら、おそらく「特性」に関する言葉を並べるのではないでしょうか。その人の目標、信念、趣味、属しているグループなどについては、あまり語らないだろうと思います。全然語らないというのではありませんが、心理学の調査でそういう質問をした場合、返ってくる答えは「特性」が主です。

もちろん、著名な心理学者ウォルター・ミシェルがかなり以前に指摘したように、「特性」という言葉が意味するものが、人が常に一定の行動をとるという「安定した予測可能な傾向」を持つということであるなら、人には「特性」などというものはありません。外向的な人はいつどんなときでも外向的でしょうか。他の人たちに比べて陽気でおしゃべりかもしれませんが、それは一定の状況においてのことです。友人といるときは非常に外向的でも、仕事の同僚や見知らぬ人と一緒にいるときには、そうでないかもしれません（賢い、愉快、親切、やる気に満ちているなど、どんな特性に関しても同じことが言えます）。

これは実際の例です。ある男性が、父親の葬儀の日に、父のかつての同僚たちと初めて顔を合わせました。男性は、父親は内向的で冷淡な人間だとずっと思っていました。家では、何かにケチをつけるか不満を言う以外にろくに口をきかなかったからです。ところがかつての同僚たちは、父親はいつも座を盛り上げてくれる人気者で、素晴らしいユーモアのセンスと人柄の良さで知られていたと言います。男性は一瞬唖然として、「みなさんは葬儀の式場をまちがっていませんか」と聞くべきかと思ったそうです。

これは、人が異なる状況で、別の特性を伴う行動をとる場合があるということを明快に示している例です。こういう行動の多様性は決して例外ではなく、むしろふつうであるということを、ミシェルたちの研究が示しています。ある人の典型的な行動は、その人が置かれた場がどういう種類のものか、誰と一緒にいるか、何をしようとしているかによって変わります。あなたという一人の人間についても、そのときの状況によって、二人の人が異なる印象を持つということがよく起こるのは、そういう理由からです。「フェーズ1」において、相手の特性を考えてしまうことの問題点は、無意識のうちにまちがった思い込みに誘導され、相手の行動は一定で、その人はいつもそうなのだろうと思ってしまうことです。

「フェーズ1」では、「認知的倹約家」が主導権を握ります。時間と努力を最低限で済ますために、ものごとの概要だけつかめればいいと考え、「思考のショートカット（近道）」と「ヒューリスティクス」に頼ります。その結果、次のような原則を用いることになります。ここには、第二章でお話ししたようなバイアスも含まれています。

- 何かの点で自分に似ている人は、おそらくその他の点でも自分に似ている
- 優れた特質を何か一つ持っている人は、たぶんほかにもたくさん持っている
- 黒人、アジア人、女性、貧しい人、リベラルな人、ムスリム、南部人、投資銀行家、その他——はふつう〇〇だ

私たちは、自分がこれらの思い込みによって人の行動を理解しようとしていることに、

ほとんど気づきません。私がいま、右のような考え方は一般的に正しいかと尋ねたら、みなさんはたぶん「正しくない」と答えるでしょう。でも調査の結果が明らかにしているように、人はステレオタイプやヒューリスティクスを使うのに、それを信じている必要はないのです。なぜかといえば、「ステレオタイプやヒューリスティクスは誤りで不適切なため、人を判断する要素として使ってはいけない」という気づきは、「フェーズ2」で起こることだからです。「フェーズ1」では、思い込みやさきほどのような原則が支配していて、瞬時に相手に対する印象に影響を及ぼします。

知らないうちにステレオタイプやバイアスを使っていることは、当然ながら代価を伴います。そのことが驚くほど鮮明に示されている研究がいくつか発表されましたが、なかでもとりわけ衝撃的だったのは、シカゴ大学の経済学者マリアンヌ・バートランドとマサチューセッツ工科大学のセンディル・ムッライナタンが行なった研究です。

彼らはボストンとシカゴの新聞に出た実際の求人広告に、さまざまな内容の偽の履歴書を送りました。「面接を受けにきてください」という連絡が来るかどうかが、履歴書の内容にどのように左右されるかを知ろうとした実験です。彼らは有望な応募者の履歴書を少々操作して、経験を豊かに、勤務期間に途切れがないようにし、学歴も少し高くしました。そして、応募者の名前を変えて、いかにも白人らしい名前（エミリー・ウォルシュやグレッグ・ベーカー）および、アフリカ系アメリカ人に多い名前（レーキシャ・ワシントンやジャマール・ジョーンズ）をつけました。[7]一〇〇〇通を超える履歴書を送ったところ、白人らしい名前の候補者は一〇人に一人が連絡をもらいました。しかしアフリカ系アメリカ人ふうの名前の候補者の場合は、履歴書の内容が同じでも、連絡をもらったのは一五人に一人でした。さらに分析すると、アフリカ系アメリカ人が白人候補者と同じ確率で機会を与えられるためには、八年多く職務経験が必要だということもわかりました。

これらの履歴書を読んだ人たちは、意識的に差別を行なったのでしょうか。「黒人は雇いたくない」と考えていたのでしょうか。差別を受ける側にいると、そう考えたくなります。しかし研究の結果からわかることは、これらの募集を行なった人たちの圧倒的多数は、黒人に対する負のステレオタイプが自分の判断に影響したとは知りませんし、おそらくは自分に偏見があるとすら思っていません。ステレオタイプは、「フェーズ1」の認識にこっそり忍び込んで、応募者に対する評価を歪めたのです。バイアスは多くの場合、非常に微妙な形で働き、自分でも気づかないうちに情報の解釈のしかたを変えてしまいます。

たとえば、応募者が二年間に三つの職場で働いていたことが履歴書に書かれていたとします。こういう情報は何を物語るでしょう。これがエミリー・ウォルシュの履歴書であれば、この情報は好意的に解釈されがちです。「おそらくこの女性は、自分にもっともふさわしい仕事を探していたのだろう」「あまりに頑張り屋で、成し遂げた仕事に満足できなかったのかも」一方、レーキシャの場合は同じ内容の履歴書でも、「フェーズ1」のネガティブなステレオタイプが働き、責任感が足りないとか、仕事に対する心構えができていないというように見られてしまいがちです。

つまりはこういうことです。「フェーズ1」では、**認識する側の人間は自分が見ると予期していること（何を予期しているのか意識しなくても）しか見ない**のです。

そんなのばかげている！　腹が立つ！　理不尽だ！　と思うでしょう。まさにそのとおりです。しかしこういうことが、いつでもどこでも起きているのです。悪い評判を持つグループに属する人にも、以前に悪印象をつくり上げてしまった人にも、忘れてしまいたい過去を持っている人にも、そしてあなたにも、相手の認識が「フェーズ2」までいかないときには、こういう理不尽な解釈が常に行なわれていることになります。

フェーズ2——最初の印象を努力して修正する

この人物は、マンハッタンのペントハウス、ヨット、垂涎（すいぜん）の的の美術品コレクション、立派な慈善活動など、抜きん出た成功を収めた人物を象徴するあらゆるものを手にしているように見えました。彼が経営する証券取引会社は、ニューヨークとロンドンにオフィスを構えていて、彼はパーム・ビーチのモントークと、コートダジュールのアンティーブ岬にある自宅から、自家用ジェットで往復します。ウォール街では大変崇拝された大物ディーラーで、一時はナスダック市場の会長も務めていました。彼はまた、従業員を家族のように扱うことでも有名でした。[8] 銀行、ヘッジファンド、資産運用会社、ペンションファンド、多くの慈善団体から信頼されていて、何十億ドルもの資金が彼の会社に投資されました。

彼が資金を引き受けてくれたら幸運だと思われていたほどの評判だったのです。常に高リターンを出していたので、顧客を選ぶことができるほどでした。投資者として選ばれたラッキーな顧客の一人が、ノーベル平和賞の受賞者で、ホロコーストからの生存者でもある、作家のエリ・ヴィーゼルでした。投資を行なう前、彼はこの大物ディーラーと夕食を共にし、その慈善活動や倫理観と教養にいたく感心し、自らの生涯の蓄えと慈善活動基金の三分の一をこの男の手にゆだねたのです。

お察しのように、この男はバーナード・マドフです。記録が残っている限りで最大の「ポンジ・スキーム」詐欺師であり、まずまちがいなくかなりのサイコパスだと思います。マドフに投じたすべての資金を失ったヴィーゼルは、のちにマドフのことを、盗人（ぬすっと）、悪党、犯罪者、ペテン師、悪魔などと罵っていましたが、「悪」というものがどんなものか誰よりも知っていたはずのヴィーゼルでさえ、他の被害者たちと同様に、すっかり手遅れになるまで、マドフの中に「悪」のかすかな気配さえ見出すことができなかったのです。

心理学の研究によって明らかになったのは、ナルシシストやサイコパスの人たちが、往々にして初対面の人に非常によい第一印象を与えるという事実で、これはやっかいな問題です。でも「フェーズ2」というプロセスがあるおかげで、私たちは出会った人の第一印象にとらわれず、本当はどういう人なのか、さらに認識を深めることができるのです。

一般的に「フェーズ2」では、相手の行動が何らかの状況によって引き起こされていて、その状況にあれば、他の人でも同じ行動をとるのではないかと考えます。相手の行動に関して自分が最初に行なった理由づけを疑ってかかり、自分の出した結論がバイアスで歪んでいないかをチェックしようとします。「フェーズ2」はよく「修正フェーズ」とも呼ばれます。最初の印象を修正するのは容易ではなく、努力を要し、自動的には行なわれません。したがって認識する側には、相手を理解しようとするエネルギーと時間のほかに、それを行なうためのモチベーションが必要になります。このどれかの要素が欠けていると、認識者は「フェーズ1」でつくり上げた最初の印象を持ち続けることになります。「フェーズ2」にいくには、よほど注意を喚起するものが必要です。しかし資産運用アドバイザーが私たちのお金をすべて盗み取って起訴されてから気づいても、万事遅すぎるわけです。

もちろん、何か悪いことが起きるまで「フェーズ2」に入れないということではありません。あのジョーンズとハリスの行なったカストロに関するエッセイの調査で、「対応バイアス」の驚くべき威力が実証されたのを覚えているでしょうか。あの調査が行なわれてから何年かのち、ギルバートは他の同様の研究と一緒に調査内容を注意深く見直し、エッセイが筆者の自由な意見ではないと告げられた場合に、対応が分かれる傾向があることに注目しました。ほとんどの人たちは「フェーズ1」の結論から先に進みませんでした（カストロを称えるエッセイを書いたのだから、カストロが好きに違いない）。でも少なくとも何人かは状況を考慮に入れて、渡されたエッセイは書いた人の真の考え方を表すものではないと理解していました。これらの人々は何らかの理由で「フェーズ2」に進み、エッセイを書いた人を適正に判断するために、すべての根拠を考察したわけです。

ただ残念ながら、こういう立派な認識者は例外的です。人があなたを評価するとき、正しく理解してくれる可能性もありますが、たいていの場合そうではないのです。ほとんどの人は、人の行動を判断するのにバイアスがかかるのは偏見があるからだろうと考えています。人には特定のグループのメンバーに対して好悪を示そうとする傾向があり、それを正当化するためにステレオタイプを使うのだという考えです。

しかしここ数十年の研究の結果、人間というものは、「フェーズ2」にいくことは難しく、したがって常に他者を個人として正確に理解することはできないものだということが明らかになりました。状況によってそれが特に難しくなります。何か複雑な問題を抱えているとき、ストレスがかかっているとき、機嫌が悪いときなどは、ステレオタイプで人を見る傾向が強くなります。またケロッグ・スクール・オブ・マネジメントの心理学者ガレン・ボーデンハウゼンの研究によれば、「概日リズム」にも影響されるらしいのです。朝型人間（一日の前半がもっとも調子がいい人たち）は、午後にステレオタイプによって他人を判断することが多く、夜型人間は、朝食のあとにステレオタイプを用いることが多いそうです。[9]

ステレオタイプの働きに関するエキスパートであるパトリシア・デヴァインによれば、相手についてのステレオタイプ的な見方は「フェーズ1」で自動的に起動されますが、「フェーズ2」では（そこまでいくことができた場合には）、ステレオタイプによって相手を判断することが適正かどうかを、認識者自身が見極められるということです。[10]

このデヴァインの研究の重要なポイントは、「フェーズ1」では、**本人が認めていないステレオタイプさえも使われる**ということを示したことです。つまり、ジェンダー、人種などに基づくステレオタイプは不快でばかげたことだと考えている人でも、そのステレオタイプを知っている限り、「フェーズ1」の頭の中では、それが使われてしまうのです。そしてひとたびステレオタイプが起動されれば、相手に対する認識にそれが影響を及ぼす可能性があります。

したがって、人とよいコミュニケーションを持ちたいとき、あるいはよい印象を相手に与えたいと思うときには、「フェーズ1」の段階で適切なシグナルを発する努力が大事です。**初めに正しい印象を与える方が、あとで修正するよりもはるかに簡単で望まし**いからです。ここまで読んでくれたみなさんは、認識する側の人が「フェーズ1」でどんな種類の思い込みをするかよくおわかりになったと思います。ぜひその知識を生かして、相手に対する言葉や行動を正しく選んでください。

さて「認識の科学と技」を本当にマスターするためには、相手があなたの印象をつくり上げようとしているだけではなく、何らかのアジェンダ（実行すべき課題）を持っていることも理解しなければなりません。相手は、あなたが信用に値する人間かどうかを判断しようとしているのかもしれないし、自分の権威や自尊心を保とうとしているのかもしれません。「フェーズ1」では、これらのアジェンダがそれぞれの形で相手の認識を歪め、あなたをどんなメガネを通して見るかを決めています。

次の「パートⅡ」では、ゆがみを生じさせるおもなメガネ（信用レンズ、パワーレンズ、エゴレンズ）について学んでいきます。これらを理解すると、きっと自分が見てほしいとおりに人に見てもらえるようになると思います。

この章のポイント

〈認識のフェーズ1〉

★人はあなたの行動を目にしたとき、状況全体に注目するのではなく、パーソナリティ、能力、道徳性、特性など、あなたに関する何かと結びつけて考えます。これを「対応バイアス」といいます。

★人はあなたの行動を見ると、自動的に簡単な推測を行ないます。ショートカットやステレオタイプなどの「ヒューリスティクス」を使って、その行動を理解しようとするのです。このプロセスにはさまざまなバイアスが含まれるのですが、本人はまったく気づいていません。すべて無意識のうちに起こるので、ありのままを客観的に見ていると信じています。

〈認識のフェーズ2〉

★人は、状況やその他の要素を考慮に入れ、あなたに関する最初の印象をそれに応じて修正します。したがって一般的に、「フェーズ2」の認識は「フェーズ1」よりもかなり正確なものになります。

★相手に対する判断を修正するためには注意力とモチベーションが必要になるので、それらがない場合は「フェーズ1」で出した結論を持ち続けることになります。現実の生活では、人々は頭がほかのことで占められていることが多く、特に修正のためのモチベーションもないので、他者の認識のほとんどは、「フェーズ1」のプロセスに基づいて行なわれます。

PART Ⅱ

誰もが持つ、

認識を歪める三つのレンズ

第四章　信用レンズ――相手を安心させるためにできること

スロベニアのブルド城において、ジョージ・ブッシュとロシアのプーチン大統領との首脳会談が行なわれたのは、ブッシュの大統領としての第一期目が始まって間もなくのことでした。二時間近くに及んだ会談を終えて姿を現した二人の大統領は、両国は平和維持に協力し米ロ関係の新しい時代を開くことを誓うと述べました。プーチンと共に記者団の前に立ったブッシュはこう語りました。「プーチン大統領の目を見て、非常に率直で信頼のおける人だと思いました。そして大変充実した話し合いの結果、私は彼の真意を知ることができました。プーチン大統領は自国のために全力で働く人であり、自国にとって何が一番大事かを考える人です。プーチン大統領を信用できるかですか？　できますとも！」[1]

ロシアのリーダーとの初めての会談でブッシュ大統領がやったことは（うまくいったかどうかの判断はみなさんに任せますが）、初めての相手を知ろうとするときに誰もがすることとです。つまり「信用レンズ」というメガネを通して相手を見たのです。これは、人が初めてあなたに会ったときや、あなたという人を見定めようとしているときに、その人がかけているメガネです。

このレンズのルーツは人類の遠い昔にさかのぼります。見知らぬ生き物に出遭ったときに、それが自分にとって害をなすかどうかを見極めることは、常に何にもまして重要なことでした。現代の世の中では、相手から身体的な危害を加えられることは（今でももちろんありますが）それほど心配しなくてもよくなりました。むしろ初対面の人が「信頼に足る人物かどうか」の方をより心配します。

言い換えれば、人間関係、キャリア、幸福、安心などいろいろな面で、相手が「自分にとって脅威かどうか」を知りたいと思うのです。この人は自分にとって面倒なことを起こさないだろうか。この新しい同僚が自分のライバルになって、仕事上の立場を脅かしはすまいか。隣に越してきた夫婦は感じがよくて信頼できる人たちだろうか、深夜まででやかましいパーティをやったり、はみ出した植木のことでうるさく文句を言ったりする人たちではないだろうか——。こちらのガードを下げても大丈夫なのだろうか、それとも慎重に気をつけるべきなのか。あなたが初対面の人と会うとき、相手は、意識しているかどうかにかかわらず、そんなことを思っているのです。

したがって、こちらが信頼に足る相手であるということが相手にちゃんと伝わるようにすることが大事です。そうすることの利点、そしてそれをしないことのマイナス点は、ことに職場においては、重大です。多くの研究が、従業員同士が積極的に情報や知識を共有するには、互いに対する信頼が不可欠だということを示しています（大組織が行き詰まる原因の多くはその点です）[2]。同僚をライバルではなく仲間と考えている組織では、縄張り意識も低く、社員たちは裏切られる心配をしません。ＣＥＯや経営陣が社内に信頼感を生み出す努力をすると、社員の離職率は非常に低くなります。[3] 互いを信頼できる社員たちは、仕事に対する満足度も高く、ストレスもそれほど大きくありません。[4] それも当然でしょう。同僚に足を引っ張られることを常に警戒していなければならないなんて、大変なストレスではありませんか。

近頃は、自分にもチームにも「ストレッチゴールを課すように」ということが言われます。より高く困難なゴールを設定することは、たしかによりよい成果につながるのですが、それは、そういうゴールを設定するマネジャーが部下から信用されているときに限られるということが、最新の研究で明らかにされています。[5] リーダーが本当に部下や組織のためを思っているのか疑わしいと部下が思ってしまうと、難しい仕事に挑戦するモチベーションは湧きません。よって「ストレッチゴール」も達成されないということになります。

つまり「信用がおけると人から見られる」ということには、きわめて大きな意味があるのです。研究結果によれば、人が誰かを信頼できるかどうか判断するには、その人の言葉や行動を次のような問いによって分析するのだそうです。

Q1　相手が自分に対して好意的な意図を持っているかどうか。つまり自分にとって敵なのか味方なのか。

Q2　相手に意図を実行するだけの能力があるかどうか。

この二つ目の問いも、一つ目に負けないくらい重要です。もし答えがノーであれば、相手の意図がどうであっても、こちらには影響がないわけですから。

ここでも、当人がこういう自問自答をしていることを自覚しているとは限りません。ほとんどが、瞬間的に無意識のレベル（フェーズ1）で起きるからです。ただ、ここでお話しするのは、「フェーズ1」でも、その人に何らかの「アジェンダ」がある場合です。つまり単に相手の印象をつくり上げるだけでなく、相手が敵か味方かをはっきりさせるという目的があるときです。

では、あなたを判断しようとする人たちは、その答えをあなたのどこに見出すのでしょうか。何十年もの研究の結果が示すのは、対象の特質の中でも特に二つの側面に、最初から注意が集中するということです。それは人間的な温かみと能力です。[6]「温かみ」、つまり親しみやすさ、誠実さ、思いやりなどは、その人が相手に対してよい意図を持っていることの表れととらえられます。「能力」、つまり知性、スキル、優れた仕事ぶりなどは、その気になれば自らの意図を実行に移せることを意味します。能力のある人は、価値ある味方にも、怖い敵にもなりうるというわけです。一方で能力があまりないと思われた場合には、関心を持たれたとしても、同情や蔑みの対象でしかありません。

ハーバード大学の心理学者で、この研究の中心メンバーであるエイミー・カディは、人が肯定的に見られるか、否定的に見られるかは、その約九〇パーセントが「温かみ」と「能力」にかかっていると言っています。[7] ですから相手に「価値ある味方」と見てもらうためには、「温かみ」と「能力」のイメージを発信できるようになることが大事です。

人間的な温かみがあることを伝える

あなたが信頼できる味方で、相手の不利益になることをまったく望んでいないということを、どうやってわかってもらえばいいでしょう。率直にそれを口にすることも、もちろんできます。

「私はハイディといいます。あなたに害を加える気はまったくありません」

しかしこれはたいていの場合、ものすごく奇妙です。そしてあんまり変わったことをすると、信頼構築にはつながりません。

それよりも温かみをもっと間接的に伝える必要があります。私たちはやさしい人間と思われたいときには、相手を褒めたり、何かしてあげたり、相手の考えや気持ちに関心を示したりします。[8] また、親切さ、誠実さ、思いやり、親しみやすさなどを示そうとします。どれも、自分と同じように（それ以上ではないにしろ）相手のことを大事に思っているということを表すものです。

人間的な温かみをよりよく伝える方法をいくつか見ていきましょう。

相手に関心を払う

他の人と一緒にいるときは、こちらが話しているときも、相手の話を聞いているときも、相手の目を見ます。相手の話を理解していることを示すために、時々うなずきます。そして微笑みます。特に相手がにっこりしたときは、一緒ににっこりすることです。また、何より大事なのは、相手の言うことをよく注意して聞くこと。人は誰でも話を聞いてもらいたいと思っています。相手の望むとおりにしてあげられなくても、助けになれなくても、話をよく聞いてあげることが大事なのです。

目を合わせること、うなずき、微笑みが、「温かみ」を表現する三大要素であることを、研究の結果が示しています。[9] ところが、人はたいていの場合、自分がこの三つをしていないことに気がついていません。友人や家族に聞いて確かめた方がいいかもしれません。

私の友人が編集長の職に就いたとき、彼は部下たちの意見を大事にしていることを意識的に伝えたいと思いました。そしてチームミーティングで部下が発言している間、自分では「アクティブ・リスニング（積極的傾聴）顔」だと思っている表情で、話を聞くように努めたのです。それから数週間後、部下の一人がチームを代表し、勇気をふるって彼にこう尋ねたそうです。

「編集長、あの……私たちに対して何か怒っていらっしゃるように見えるのですが」

「とんでもない！　これは、私のアクティブ・リスニングの顔なんだ」

「はあ……あのう、お知らせしておいた方がいいと思うんですが……編集長のアクティブ・リスニング顔は、ものすごく怖いんです」

こんなこともあるので、気をつける必要があります。自分が人と話しているときに実際にどんな顔をしているのか、誰かに聞いてみるといいでしょう。もしかしたら、びっくりするようなことを言われるかもしれません。

共感を示す

誰かと知り合いになろうとするときには、相手の立場に自分を置いて、相手がどんなふうに感じているかをじっくり想像します。できるだけ注意深くまざまざと想像すればするほど、効果が上がります（うまくできなくても心配ご無用。この「視点取得」というスキルは繰り返し行なううちに、あまり考えなくても簡単にできるようになります）。

相手との間に共通点（好きなこと、嫌いなこと、過去の経験など）を探して、話してみてください。「……という気持ちだったでしょうね」というような言い方を使えば、共感を直接伝えることができます。

特に効果的な方法でしかも見逃されがちなのが、心理学者が「特に必要ではない謝罪(superfluous apology)」と呼ぶものです。これは謝罪の言葉を、自分の非を認めるためでなく、相手の苦労に対する遺憾の念を表すために述べます。つまり、まったく自分のせいでないことに対して謝るわけです。多くの人はこういうことを直感的にやっています。自分が悪いわけでもないのに、「I'm sorry, ひどい雨ですね」とか「I'm sorry, 飛行機が遅れて大変でしたね」などと言います。こういう謝罪は、あなたが相手の視点に立って、その経験をわがことのように思っていたり、違う展開であればよかったのにと思っていたりすることを表すもので、単純ながら大きな効果があります。こういう言葉は相手の信頼を明らかに高めます。そんなふうに言われると、人は何より大事な自分の携帯電話でさえ見知らぬ人に渡してしまうのです。

ハーバード・ビジネススクールとウォートン・スクールの研究者たちが、ある実験を行ないました。実験に協力した男子学生が、雨の日に大きな駅で、通りかかった人六五人に、携帯電話を貸してほしいと頼んだのです。そのうち半数の人に対しては、「特に必要ではない謝罪」を使いました。「I'm so sorry, 本当にあいにくの雨ですね……携帯電話を貸していただけませんか」驚いたことに通行人の四七パーセントが、携帯電話を手渡してくれました。単に「携帯電話を貸していただけませんか」とだけ言った場合には、九パーセントの人しか貸してくれませんでした。[10]

「ちょっと待って。謝るということにならないかな?」とみなさんは思うかもしれません。特に必要でない謝罪をしてしまったら、場合によっては、責任を認めていると思われるのではないかというのですね。実はそれでも、かまわないのです。最近の研究によって、積極的に自分や自分の組織の非を認める人たちは、優れた特質、人間としての尊厳、他者への善意を持っていると見なされることがわかっています。それらはみな信頼関係を強く促進するものばかりです。[11] ですからどんどん「すみません」と言いましょう。そこから良いことがきっと始まります。

こちらが先に相手を信用する

人間には、「互恵(ごけい)主義」という考え方がしっかりと根づいています。過去に何かしてもらったり、物を贈られたりした相手には、同じように何かしてあげたいと当然のように思います。商品の宣伝で「一つ買ったらもう一つ無料」とか「チャンス! フリース毛布一枚買うと、ボトルオープナー一つ無料!」などというのがありますが、これも互恵主義を利用した商法です。私たちは「無料」と言われると、無意識のうちにこれを

「プレゼント」と認識し、宣伝されている商品を買うなど、何らかの親切によってお返ししなければと思ってしまうのです。

この「互恵主義」の原則は、信用に関しても当てはまります。私たちは先に自分を信用してくれた人を、信用できる相手だと思う傾向があります。競争意識を持ったりせず、オープンで協力的で、自分のことより他の人を優先して考える人を信用するのです。先に相手を信用するというこの戦略は、もちろん少々のリスクを伴います。でもそれによって得られるものは、たいていの場合、リスクを冒すだけの値打ちがあります。

相手に自分の個人的な経験を打ち明けるのもいいでしょう（ただし適正な範囲で！）。こちらのガードを外すことによって温かみを表現できます。自分が経験した苦労や困難なできごとについて話すのです。自分の弱くて人間味のある面を相手に知ってもらいます。それによって相手があなたにネガティブな印象を持つことはありません。むしろ、「この人も自分と同じなんだ」と思ってくれるでしょう。

どんな能力があるかを伝える

意図を実行できるスキルや能力を持っている、ということは信用を形づくる大切な要素です。味方というのは、その人に能力があると信じられるときだけ意味があります。あなたが意図を実行できる人間だと上司が信じてくれなければ、重要な仕事も任されないし、昇進も望めないし、自分の判断で行動することもリスクを取ることも許されないでしょう。また、あなたが約束を実行できる上司だということを、部下が信じてくれなかったら、部下はベストを尽くして働いてくれないし、正しい決断をするために必要な情報も上がってこないでしょう。

能力があることを示すためにどうすればいいかというアドバイスはいろいろありますが、多くはきわめて当たり前のことです。「自分の業績や経験を強調する」「自信のある態度をとる」「防衛的にならない」などです。そして何度も言いますが、「相手と目を合わせること」も、簡単な方法ながらきわめて大事です。人と話しているときに相手の目を見ることは、IQの高さとも相関関係があり、それを人々は直感でわかるようです。きちんと目を見て話す人は、高い知性があると判断される傾向があります。[12] それに加えて、「話の内容がわかりやすいこと」「少し早口で話すこと」「ジェスチャーを加えること」「うなずくこと」「背筋が伸びていること」などもみな、能力のある人だという印象につながります。

このあとはもう少しありきたりでない戦略で、とても重要なものを紹介しましょう。有能な人間であることを相手に伝えるのに役立ちます。

意志の力があることを示す

よい印象を与える方法をコーチしている人たちの多くが、「意志の力」のことを忘れています。意志の力がなく、自制心に欠けているように見られてしまうと、信頼が大きく損なわれます。研究の結果、「意志の力」に問題があるように見える人は信用されないということがわかっています。[13]

それは直感的に理解できることですね。困難な状況に陥ったとき、あるいは自分の利益ばかりを優先したくなるような状況になったとき、その人が誘惑に打ち勝って正しい行動をとってくれると思うから、その人を信用するのです。当然ながら、自制心がなくてはそういう行動はとれません。

自制心が足りないことを示すような行動を人前でとると信用度が低下することを、研究の結果が示しています。[14]本当はしてはいけないと自分でわかっていること（喫煙、過食、衝動買い、怠慢、遅刻、だらしなさ、感情的になる、すぐに怒る、など）をすると、想像以上に悪い結果につながります。あなたの信用全体にダメージが及ぶからです。

政治家が不倫をすると世間が大騒ぎして問題にするのは、基本的にはそういう理由です。理屈上は、大統領や連邦議会議員が私生活で浮気をしても、職務を遂行する能力には何の関係もないわけです。それでも、私たちはちょっと考えてしまいます。そもそも浮気をするということは――しかも自分は公人で、バレたらすべてを失うとわかっていながらするということは――衝動的で、無鉄砲で自制心のない人間がすることのように思えるのです。

では、信用が損なわれないようにするにはどうしたらいいでしょう。一番いいのは、自分にはどんな問題点があるのかを見極めて、この際、悪い習慣を一掃してしまうことです。悪い習慣を続けていたら人が信用してくれないとわかると、問題に立ち向かうモチベーションも湧いてくるでしょう。それにしても、問題解決にはだいぶ時間がかかるかもしれません。一朝一夕（いっちょういっせき）に悪い習慣から抜け出すことは誰にとっても簡単ではないからです。だからその間はせめて、その意志の弱さが人目に触れないようにすることをお勧めします。

自信過剰に注意

西欧ではリーダーシップを指導する人の多くが、自信を持つことの重要性を強調しますが、心理学者たちは、自信というのはそこまで称賛されるものではないということを知っています。自信過剰はかえって危険です。自信がありすぎると、準備が不十分になったり、非現実的なゴールを設定したり、まちがった選択をしがちになります。また実際の能力が、周囲にアピールしている自信に届かないものだった場合、物笑いの種になりかねません。いつも背伸びして無理なことをやりたがる人を、どうして信用したり、尊敬したりできるでしょう。そもそもそういう人を仲間にしたいとも思いません。ロンドン大学ユニバーシティ・カレッジの心理学者トマス・チャモロ＝プレミュジックは、自信過剰の人間は人から好かれないということを実証しました。[15] 口では立派なことを言っていても実践が伴わない人は不愉快ですから、当然のことでしょう。

もっと現実に基づいた自信を相手に伝えることができれば、人はあなたをより肯定的に見てくれます。また謙虚さを表せば、相手の自尊心を脅かす心配も減ります（第六章参照）。チャモロ＝プレミュジックによると、自分のスキルや能力に関して謙虚さを表現した場合に、人はその人の能力に関して平均二〇から三〇パーセントほど予想を高く見積もるそうです。自慢をしすぎると、それと同じだけ人は評価を割り引きます。これはたぶん、特に経営幹部の方たちにとって有用なアドバイスではないでしょうか。

あのジム・コリンズも、三〇年以上にわたって良い会社を偉大な会社にする研究（『Good to Great』および『Built to Last』）を続けてきた結果、謙虚なリーダーが率いる会社は、派手な言動のリーダーに率いられた会社よりも常に優れた業績を上げることがわかったと言っています。

「パワーポーズ」を取り入れる

能力とパワーは関連しているので、一般的には、組織の上位の人たちが能力やスキルをより多く持っていることが多いでしょう。動物の群れのアルファ（リーダー）は、身振りによって自分の支配的地位を示すということをよくやります。背筋を伸ばし、胸を突き出し、しっぽの羽を広げたりしますが、これはみなできるだけスペースを多く占めるようにして、力強い存在感をつくり上げているのです。一方でオメガたち（弱い下位グループ）は、身をかがめ、手足やしっぽを縮め、服従の意志を示します。

人間もこれらの動物とそれほど変わりません。部屋の中でもっとも自信と権力を持つ人は、できるだけスペースを取るような体の動きをします。脚は大きく広げ、体を前に乗り出し、ジェスチャーをするときは両腕を思い切り広げます。会議室のテーブルにかまわずに足を乗せて、手を頭の後ろに組んで肘を外側に突き出すCEOは、まさにその典型です。自分の力に自信があるので、存分に自分を大きく見せます。

緊張が強くパワーのない人の場合は、まったく違う姿勢を取ります。できるだけ自分を小さくして、肩を丸め、脚を揃え、手を膝の上に置き、自分を守るように胸を腕で包んだりします。こういう人は隅っこに座って、「願わくば名前が呼ばれませんように」と思っている人で、ほとんど誰からも注目されません。

心理学者たちはずっと前から、パワーのある人とない人がこれらの姿勢を無意識にとることや、こういう姿勢が地位を示すものと他者から（これも無意識に）見られているということに注目していました。つまりあなたがふだんとっている姿勢は、好むと好まざるとにかかわらず、まわりの人にあなたに関する多くのことを語っているのです。

しかしごく最近の研究により、パワーと姿勢の間にはもっと驚くべき関係があることがわかりました。その影響が双方向に働くということです。つまり、力強い姿勢が実際にその人にパワーを与えるのです。

エイミー・カディのチームはある実験で、男女の参加者に二通りの姿勢を、一分間ずつとってもらいました。「ハイパワー」（CEOがやるような、足をテーブルの上に乗せ、手を頭の上で組む姿勢、あるいは脚を開いて立ち、片手をテーブルの上について前に乗り出す姿勢）と、「ローパワー」（腰をかけて肩を前にすぼめ、手を膝の上に置く、あるいは脚を揃えて立ち、腕を胸の前に固く組む）です。[16]

ハイパワーポーズをとった参加者たちは、きわめて「パワフル」で「権威がある」気分になっただけでなく、そのあと参加手当が二倍になるチャンスのある賭けをしてもらったところ、積極的にリスクを取ったそうです。またこのハイパワーポーズをした人たちの唾液を取って調べたところ、テストステロンが増え、コルチゾールが減っていました。こういう神経内分泌の変化は過去の研究で、優越性、競争力、試練への適応、病気への耐性、リーダーシップ能力などとの関連を証明されています。したがって、ハイパワーポーズは、パワーを持つ人たちに結びつく心理や行動だというだけでなく、体内に特有の変化を生じさせることにもなるのです。

一方で、ローパワーの姿勢をとった人たちは、テストステロンの値が大きく低下し、コルチゾールが増加しました。

つまり、緊張が強くリスクを取りたがらない「オメガ」の身体的特徴を示すようになったわけです。ローパワーポーズをとった人たちは、無力感を覚え、大きなチャンスにも積極的に賭けようとしませんでした。

さて、今みなさんはどんな座り方をしていますか？　自分のデスクにいるとき、会議をしているとき、仲間と懇談しているときなどの、自分のいつもの姿勢を思い浮かべてみてください。あなたのボディランゲージ、つまり姿勢、立ち方、ジェスチャーなどは、どんなメッセージをまわりの人たちに発しているでしょう。また、その姿勢が自分自身の脳にどんなメッセージを送っているかということも、同じくらい大事なことです。もし体を丸めて座っていたり、腕を体に鎧(よろい)のように巻きつけて立っていたりするなら、外から力のないできない人だと見られるだけでなく、自分でもそんな気になってしまいます。脳が「自分は弱い人間なんだ」と認識してしまうからです。

手柄を吹聴したりすることなく、さりげなくハイパワーポーズを取り入れるというのは、自信を外に向かって示す絶好の方法です。またそういう姿勢をとっていると、次の試練に立ち向かう力が湧いてきます。

潜在的な可能性を強調する

「できる人」という印象を与えるには、相手の注意を自分のこれまでの業績に向けさせるのが一番と考えるのは、理にかなっているように見えます。誰を雇うかを判断するときにも、その人のこれまでの業績がもっとも重要な決め手――はたしてそうでしょうか。

実はそうでもないのです。たとえば、誰を雇うか、誰を昇進させるか、誰をビジネス

・パートナーに選ぶかを決めるとき、「過去にどんな立派なことをやったか」は、これから「どんなすごいことをやりそうか」に比べると、それほど人の気持ちを動かさないということが、研究によって明らかになっています。人はある無意識のバイアスを持っていて、そのために「すでに何かを成し遂げた人」よりも「潜在的に大きな可能性を持つ人」の方を好ましく感じるのです。

スタンフォード大学のザカリー・トーマラとジェイソン・ジア、それにハーバード・ビジネススクールのマイケル・ノートンが行なった独創的な一連の研究によって、私たちが「実績」よりも「潜在的可能性」を無意識に重視するということが確かめられました。[17]

一つの実験では、参加者たちにNBA（全米プロバスケットボール協会）のマネジャー役になって、ある選手と契約を結ぶべきかどうかを判断してもらいました。参加者たちには、その選手を評価するために、五年分の競技データ（得点、リバウンド、アシストなど）が示されました。データは二種類あって、一つは過去五年間にその選手が実際にプロとして活動した間の記録、もう一つはこれからの五年間にどれほどのプレーができそうか（潜在的可能性）という予測です。

それから「マネジャー」たちに、「採用した場合、今から六年目の彼の報酬はどのぐらいだと思いますか」と質問します。すると、選手をその潜在能力で評価した人たちは、実績で評価した人たちよりも一〇〇万ドル近くも多い金額を提示しました（四二六万ドルに対して五二五万ドル）。また、潜在能力を評価した人たちは、その選手が予想以上の得点を挙げてオールスターチームに入る可能性も高いと考えていました。

三人の研究者たちは、求人に応募してくる人たちの評価においても、同じパターンが見られることを発見しました。関連する経験が二年あって「リーダーシップ能力判定テスト」で好成績を収めた人と、経験はないが「リーダーシップ潜在能力テスト」で好成績を収めた人を、実験参加者たちに評価してもらい、それぞれの候補者がどのように判断されるかを調べたのです（どちらの候補者も学歴その他は同じくらい優れている）。その結果、参加者たちはリーダーシップの潜在能力を持つ候補者の方が、リーダーシップ能力が実証済みの候補者よりも、新しい会社で成功すると考えました。

また別のいくつかの実験でも、すでに受賞歴のある芸術家や作品よりも、賞を取る可能性のある人や作品が好まれるということや、すでに高名なレストランやシェフよりも、今後名を上げそうな店やシェフが好まれる傾向が示されました。

特によく考えられていると思ったのは、実在のスタンダップコメディアンを宣伝するフェイスブックの広告を二通りつくってそれを比較した実験です。一つ目は、批評家が「彼は次なる大物です。いまや誰もが彼の話をしています」と語り、もう一つは「彼はいずれ、大物になる可能性があります。一年もたてば、誰もが彼の話をしているかもしれません」と語ります。すると、コメディアンの潜在的可能性に注目したこの二つ目の宣伝の方が、クリック回数も「いいね！」の数もずっと多かったのだそうです。

ちなみにこれは、「若さを好む」というバイアスが裏で働いたからではありません。実績がある人に比べれば、潜在的可能性を秘めている人たちの方が若い場合が多いのは確かです。しかし研究者たちはその点には留意して、年齢が判断要因にならないようにしました。

実績よりも可能性を重視するというのはリスクを含むわけで、そもそも非合理的な判断なのに、なぜ人はそちらを選ぶのでしょう。研究が明らかにしたところによれば、成功の可能性は実際の成功に比べて不確実であるがゆえに、より人の興味を引きやすいということのようです。人間の脳は不確実なものに出会うと、それが何なのか知ろうとして情報に注目し、情報処理をじっくり行なう傾向があります。高い潜在的可能性を持った候補者は、評価が確定している人に比べ、評価する側をより長く深く考えさせる傾向があります。高い可能性を持つ候補者の情報が肯定的なものである限り、この余分に行なわれた情報処理によって（無意識のうちに）、候補者の能力が全体的に肯定的なものとして認識されるわけです。

ただし、肯定的な情報に裏づけられているというところが大事です。別の実験で、候補者の可能性の大きさだけが語られて、それを裏づける証拠が示されなかった場合には、実績のある候補者より評価がかなり低くなりました。

これらの研究結果からわかることは、自分の能力を相手に認めてもらいたいときに、直感的にやってしまいがちな行動はおそらくまちがっていて、まったく違うアプローチが必要だということです。人はあなたのこれまでの実績よりも、(意識するとしないとにかかわらず)今後の可能性の方にずっと心を引かれます。ですから自分を売り込むのなら、たとえどれほど素晴らしい経歴を持っていたとしても、過去について語るよりまず未来について話す方が賢明でしょう。相手が進んで耳を傾けるのは、あなたにどういう可能性があるかという点だからです。

温かみと能力をいっしょに伝えることもできる

ここからはちょっとやっかいな話です。もう気づいている人もいるかもしれませんが、「温かみ」と「能力」に関連する行動パターンには、しばしば完全に矛盾するものがあるということです。たとえば、あまりにも温かみがあってやさしそうな人は、まわりから能力を疑問視されかねません。またいかにも有能そうな人は、冷たい人のように見られているかもしれません。

温かみのある人だと思われたいとき、人は感じよくふるまい、相手を褒め、身ぶりもやさしく、努めて相手に話させようとします（よい聞き手）。一方、能力のある人間だと思われたい人はその逆の行動をとります。人の話を聞くよりも自分が話し、成し遂げたことや自分の能力について語り、自分の深い知識を示そうとして他者の意見に異を唱えます。[18]

私たちはこのことを理解していますから、意識するとしないとにかかわらず、わざと自分の能力を低く見せて（つまり無能な人間を演じて）、温かみのある人間に見られようとしたり、有能に見せるためにわざとよそよそしくふるまったりします。

ある特性に対して相反する二つの一般的見方があることを心理学者たちは補償効果（compensation effect）と呼びます。いくつかのステレオタイプの中にもそれが見られます。たとえば、「女性は男性よりも温かみがあるが、能力は劣る」「金持ちは知性の面で優れているが、どちらかといえば冷たい」「キャリアウーマン、フェミニスト、知識人、レズビアンなど、いわゆる伝統的なイメージと違う女性たちは、能力は高いが

（たぶんそのために）温かみに欠ける」などというものです。能力の高い女性たちに対する性差別は、時に非常に敵対的な形をとることもありますが、それは一つには、彼女たちが「女性はやさしいが能力は劣る」という一般的なイメージに合わないからなのです。

エイミー・カディ、スーザン・フィスク、ピーター・グリックらが行なった研究では、現代の職場にもこういう困った思い込みが存在することが明らかになりました。「子どものいる女性社員は他の社員たちよりも、温かみはあるが能力に乏しい」という偏見です。[19]子どものいる男性社員は温かみがあると思われても、能力が劣ると思われることはないのですから、これはずいぶんと不公平です！

実際にこういう思い込みは非常に強力で、一方の情報、たとえば「Aさんは非常にやさしい」、「このAグループの雰囲気はとても温かい」などが与えられると、それを聞いた人は他方の空白を勝手に埋めてしまい、温かみのあるAさんやAグループは、温かみのないBさんやBグループに比べて、あまり能力が高くないのだろうと憶測してしまうのです。[20]

これでは、「あちら立てればこちらが立たず」です。「人間的温かみのある人だけど、あんまり有能そうじゃないな」と思われたら、親しみは感じてくれても尊敬はしてくれません。「有能そうだけど冷たい感じだ」と見られたとすると、尊敬はされても、妬まれたり警戒されたりするでしょう。そして同僚は、あなたが失敗するのを喜ぶことになります。

幸いなことに、このパラドックスを解決する方法があります。能力が低いと思わせることなく温かみを表現するのです。それには温かみの「道徳面」を表に出すことです。心理学者ポール・ロジンらの研究によれば、全般的な「温かみ」よりもむしろ「道徳的」であることの方が、相手が自分に対し善意を持って行動するかどうかを判断する材料であり、信用すべきかどうかのよりよい指標になるとのことです。

研究によれば、温かみの中でも「社交的」「愉快」「人当たりがいい」などの性格は、能力面でいまひとつというイメージがついて回りますが、「勇気」「公正さ」「信念」「責任感」「正直」「信義に厚い」などの道徳的な側面は、そういうヤワな雰囲気を伴わないため、こちらの善意と信頼性をよりよく相手に伝えることができるようです。（ただし、社交的、愉快、人当たりがいいなどの特性には、短時間に好印象を与えられるという有利さがあります。わずかな時間話をするだけで、「信念を持った人間だ」などとわかってもらうのは難しいからです）

つまり「人間的な温かみ」というのは、「抱きしめたい感じ」とか「大事にされている感じ」とか「一緒にビールを飲みたい感じ」などというものとは限らないのです。ですから、温かくて柔らかい感じの人でなくても、気持ちについて話すのが苦手な人でも、心配はいりません。よい意図を持っていると示すこともできるし、「信用レンズ」の脅威をかわすこともできます。それには、「この人はいつも道徳的に正しいことをする」と相手が安心していられるような人間でいることです。それが結局「信用」のすべてだからです。

よいリーダーには温かみがある

よいリーダーシップにとって、部下からの信頼は不可欠です。部下がリーダーを信頼していれば、チームの目標を必ず達成しようという気持ちが高まります。コミュニケーションが改善し、アイデアが自由に流れ出し、創造性も生産性も高まります。なかでも重要なことは、リーダーが信頼されているときには、部下たちが変化を怖がることなく、新しいビジョンに進んで取り組もうとすることでしょう。リーダーが信頼されていない場合は、メンバーは力を尽くすことをせず、リーダーがよい判断をするために必要な情報も上げてきません。そうなるとリーダーは、部下を鼓舞することも、影響を与えることも難しくなり、真の変化を起こすことができなくなります。

人から信用されることがどれほど大事かという点には、みなさんも異論がないと思います。問題は、ほとんどの人が、リーダーシップとは能力、つまり強さとか自信とか実績とかがすべてであると思っていることなのです。そのため、自分にリーダーとしての資格があることを証明しなければと思い込み、もっと大事な「信用」のもう一つの要素「温かみ（相手の立場を念頭に置いて行動する）」が後回しになってしまいます。

カディの研究は、「温かみ」よりも「能力」を先に示してしまうと、冷たい人間に見られ、部下から怖がられることになりかねないと警告しています。尊敬は得られるかもしれませんが、リーダーに恐れを抱いている部下は、能力を最大に発揮できません。もっと安心して働ける職場が見つかったら、転職してしまうかもしれません。

あなたはリーダーとして、まず先に「温かみ」を示していますか？ つまりチームのメンバーに人間として信頼されることを最優先にしていますか？ どうも違うなと思う人は、「温かみ」面を改善する努力を直ちに始めた方がいいでしょう。それなしに信頼を得ることは難しいからです。

この章のポイント

★初対面の相手があなたを見極めようとするときに最初に考えるのは、「信用できる人間かどうか」ということです。早く言えば、「敵か味方か」ということです。

★人を信用するかどうかの判断は、ほぼ完全に無意識のうちに行なわれ、それは「人間的温かみ」と「能力」の印象に基づきます。「温かみ」は、相手の味方になろうとしていることの表れで、「能力」はそういう意図を実践できることを意味します。

★「温かみ」を伝えるには、相手に注意を払います。話している間は目を合わせること、微笑むこと、うなずいて理解を示すことなどです。またそれが適切なら、共感を示したり相手を気遣ったりします。一番大事なのは、誠実でウソがないこと。こちらが先に相手を信用して安心させることも、場合によっては効果的です。

★目を合わせるというのは、「能力」を示すことにも有効です。そして、背筋を伸ばして座りましょう。個人的な心配事などをやたらに話してはいけません。あまり卑下するのも、自慢もよくありません。少々謙虚なくらいにすると、相手は感心してくれます。自分をあまり有能だと思えないという人は、「パワーポーズ」を試してみてください。

★リーダーとして部下から信頼と忠誠を得たいと思うなら、「能力」よりも「温かみ」のイメージを優先的に発信することです。

第五章　パワーレンズ――権力を持つと人は必ず変わる

「パワーレンズ」のことを考えると、英国のユーモア作家ダグラス・アダムスが書いた『ダーク・ジェントリー全体論的探偵事務所』のこんな一節がいつも頭に浮かびます。彼は馬についてこんなことを書いています。

馬たちは、そうは見えなくとも、常に多くのことを理解してきた。来る日も来る日も、一日中ほかの生き物が背中に座っているのだから、その生き物に関して何らかの意見を持たないでいる方が難しいだろう。

逆に、来る日も来る日も、一日中ほかの生き物の背中に座っていながら、その生き物に関して何一つ考えないということは、大いにありえるのだ。[1]

アダムスが彼一流の洞察力とユーモアによって指摘したことは、まさに的を射ています。権力は、互いに対する見方を変えるのです――見るとしたらですが。

相手が敵か味方かを判断しようとするとき「信用レンズ」というメガネをかける、ということを前章でお話ししましたが、両者に力の差があるときには、また別の「パワーレンズ」というメガネが介在します。具体的に言うと、あなたを判断しようとしている相手が、あなたよりも大きい力を持っている場合にかけるメガネです。このメガネの役目は実にシンプルで、それはこちらが有用かどうかを見極めることです。「私の役に立つことを証明してみせるか、さもなければ消え失せろ」というわけです。

「パワーレンズ」もまた「信用レンズ」と同じように、パワーを持つ人の「フェーズ1」の認識を歪ませます。ただ「信用レンズ」と違う点は、いつでも誰にでもこのレンズが働くわけではなく、どんな状況でも相対的に力の弱い人は、このレンズのメガネをかけません。

つまり、力がある人は、弱い立場の人に対する見方が歪む可能性がある一方で、弱い立場の人は、強い人に対する見方が歪むことはめったにないということです。もちろん弱い方の人が、力のある人に対して怖れや妬みを抱くことは時にあるでしょう。でも弱い立場にあると、正確な判断をしなければというモチベーションがより強く働くのです。弱い立場のそして「フェーズ2」までいって、すべてをきちんと確認しようとします。弱い立場の人は、強い立場の人が何を考え、何を感じ、次にどう行動するかを予測する必要があるのです。その人次第で、自分が求めるものが手に入るかどうかが決まるからです。

「パワーを持つ人」とは、なにもCEOや政府の要人、資産や影響力のある人たちだけを意味しているのではありません（もちろんそういう人たちはまちがいなく力を行使していますが）。ここでいう「パワー」とはもっと広い意味で、ふつうの人が日常出合うあらゆる力のことです。心理学者の間で一般的に使われている「パワー」というのは少々専門的ですが、「望ましいリソース（資源）に対するコントロールの力を他の人よりも多く持っている」というもの。[2] 簡単に言ってしまえば、パワーがある人というのは判断を行なう人で、その結果に従うのがパワーのない人です。

たとえばこんなことが考えられます。エイミーとクレアという二人の女友達がいるとします。エイミーは給料日まで何とかしのぐために、クレアから五〇〇ドル借りなければなりません。こうなると、クレアはエイミーに対して「パワーを持つ」といえます。エイミーは自分が欲するもの（クレアの協力なしに手に入らないもの）を得るためにクレアに依存するからです。エイミーの（一時的な）クレアに対する依存は、クレアにエイミーの今後の状況（お金が手に入るかどうか）を決定する権利を与え、クレアは代わりにほかの要求（じゃその代わり、土曜日の引っ越しを手伝ってくれる？）をすることもできます。

こう考えると、パワーは実にいろいろな形でもたらされることがわかります。たいていの場合、マネジャーは部下よりも大きい力があります。仕事の割り振りや駐車スペースの割り当てだけでなく、そもそも雇用が継続されるかなど、重要なことがらをコントロールしているからです。

また「人気」も一つのパワーです。人気者たちは、誰もが入りたがる自分の仲間うちに誰を入れるか決めることができます。彼らとの交友関係が、パワーの定義の「望ましいリソース」なのです。人気者たちは、ライフスタイル、言葉遣い、行動などの基準をコントロールしていて、ほかの人たちは、仲間に入りたければそれに従わなければなりません。

金持ちは貧しい人たちよりパワーを享受できます。欲しいものを手に入れるのに、他者に依存することが少ないからです。また、科学者、著名人、論説委員、評論家などの専門家たちも、一般大衆のものの見方に影響を与える力があります。

これらのパワーの生じ方に関してぜひ理解する必要があるのは、それらがすべて、事情や状況によるということです。上司がパワーを持つのは、あなたがその人のもとで働き続ける意志がある場合に限られます。「もう、辞めてしまおう！」と決めたとたんに、上司のパワーは消滅します。そこで上司があなたに「お願いだから、残ってくれませんか」と頼んだ場合には、あなたの方がパワーを持つので、辞めない代わりに何かを要求することも可能です。（これは、なかなかいい気分です）

つまり、パワーの力学は単純なものではなく、固定しているものでもないということです。たとえば「Xさんはあなたよりパワーがある」と決まっているのではありません。ある一定の状況において、ある特定の問題に関して、ある時点において、Xさんにパワーがあるということです。そしてその特定の時点で、Xさんは「パワーレンズ」というメガネを装着しています。

パワーを持つことの良い面、悪い面

まわりの人たちよりもパワーがある地位に就くと、その人は必ず変わります。必ずしもイヤな方に変わるわけではないのですが、運転席に座るとものの見方が変化するのです。まず良い面から先に見ていきましょう。

良い面

自分が相手よりもパワーのレベルが下だと感じると、人はまず自身の安全を心配し、すでに手にしているものを失うまいとします。警戒心を高め、まちがいをおかしたり、相手を不快にさせたりしないように気をつけます。その結果、思考はより具体的で、より型にはまったものになり、リスクを避けるようになります。

一方、自分がパワーを手にしていると感じると、考え方はより抽象的になり、大局を見るようになります。これは、クリエイティブで革新的な問題解決に結びつく思考スタイルです。パワーを持っていると楽観的になり、物怖じしなくなります。そのため、リスクを引き受けたり、困難な状況に取り組んだりできるのです。

特に努力と忍耐を要する複雑で困難な仕事の場合には、パワーの感覚が優れた仕事ぶりに結びつく傾向があることが、研究結果にも示されています。それは、次の四つの理由によります。

●パワーを持つ人は、自分がコントロールしている人たち（部下など）に対し責任を感じる

それがいっそうのモチベーションを与えるので、困難に出遭っても簡単にあきら

めようとしません。パワーのない人たちには、こういうモチベーションが欠けています。

●パワーを持つ人には周囲の目が注がれている

パワーを持つ人、特にリーダーは、自分が目立つ立場にいることを自覚するので、義務感が高まります。常にまわりから見られているので、よい仕事をしてみんなの手本にならなければというプレッシャーを感じるのです。

●パワーは脳を刺激する

具体的に言うと、オデコの後ろの「前頭前皮質」にある、心理学者が「脳の実行機能」と呼ぶ働きが刺激されるのです。すると、目標を決めたり実行したりするときに、それが力を発揮します。研究室における実験でも、参加した学生のうちの何人かを無作為にリーダーにすると、その人たちは集中力、優れた立案能力、目標にフォーカスした行動など、優秀な管理職が持つ機能に関して、リーダーにならなかった学生たちよりも優れた結果を出しました。

●パワーを持つとくじけない

パワーを持つ人はそうでない人に比べ、いい仕事をするだけでなく、気力と体力が尽きかけていても仕事のレベルが落ちないということを、研究の結果が示しています。前にも書きましたが、自制心というのは、体の筋肉と同じように限りあるリソースなので、使いすぎれば消耗します。何か非常に難しいことをして自制心を枯渇させてしまうと、ふつうはその後の仕事ぶりに響きます。ところがパワーを持った人たちは、その自制心がなかなか枯渇せず、最高の仕事ぶりをより長く続けることができます。モチベーションが強く、「実行機能」が活性化しているからです。

パワーには、時によって良い面と悪い面が現れる

パワーを感じている人はそうでない人に比べ、楽観的で自信があるために、リスクを含む行動をとる傾向があります。そして当然ながら、リスクを取ることは、吉と出る場合もあれば凶と出る場合もあるわけです。「虎穴に入らずんば虎児を得ず」「愚か者は怖れることを知らない」のどちらのことわざも、パワーを持つ人たちに同じくらい当てはまります。

コロンビア・ビジネススクールのアダム・ガリンスキーたちの一連の研究結果は、実

験参加者たちにパワーを持たせると、男女にかかわらず、従来型のビジネスプランよりも、よりリスクを含む（ただし成功したときには利益も大きい）プランを好ましいと感じるということを示しています。さらに、パワーを感じている人たちは、交渉において自分側の情報をあまり隠そうとせず、相手を信用する傾向がありました。また、ブラックジャックなどのゲームをすると、しばしば大当たりを狙おうとします。行きずりの相手と無防備なセックスをしがちなのも、自分のパワーを感じている人たちです。[3] 最後の例は別として、リスクを含む行動を選ぶ傾向には有利な面もあるのですが、判断力がかなり優れていないと大きなトラブルにつながりかねません。

　パワーを持つ人は、リスクを含む行動がもたらす可能性のある利益に注目することが多く、危険の方はあまり気にしません。人間がコントロールできないようなことがらに関しても、非常に楽観的です。たとえば、飛行機が乱気流に巻き込まれる可能性や、レジャーに出かけて毒ヘビに出くわす可能性なども、パワーを感じていない人たちに比べて低く見積もります。

パワーにはイヤな面もある

「まあ、そうだろうな」と思ったのではありませんか？　パワーを持つ人たちは、自己中心的なイヤな奴のようにふるまう傾向があります。ポール・ピフをリーダーとするバークレーの研究チームは、パワーを持つ人が、日々のふつうの行為においても、感じの悪い態度をとることを確認しました。

ある調査では、特定の車種と型がドライバーの社会的階層や富を象徴するものと仮定し、それらの車が交通量の多い交差点の信号でどういう行動をとるかを観察しました。ステータスが一番高いとされたのは、メルセデス、BMW、ポルシェですが、それらの車は三〇パーセントの確率で他の車の前に割り込んだそうです。ステータスの低い車の場合、割り込みをしたのはたった七パーセントでした。

次の調査では、白線で明確に示されている横断歩道にさしかかったとき、それらの車のドライバーがどう行動するかを観察しました。高ステータスの車はその五〇パーセントが、道を渡ろうとしている歩行者がいるのに停まりませんでした。低ステータスの車の場合、停まらなかったのは二五パーセントでした。興味深いことに、もっともステータスが低いとされたポンコツのボロ車は、すべてが歩行者のために停まったというのです。[4]

ピフたちが行なった他の調査でも、ステータスの高い人たちは嘘を言う傾向が高く、ゲームで遊んでいるときにズルをする確率も高いことがわかりました。私が特に面白いと思ったのは、次のような研究です。自分が社会経済的に上のランクだと思っている学生たちと、相対的に低いランクだと思っている学生たちに、さまざまなテーマに関する質問票に回答を記入してもらいます。それが終わると実験スタッフが現れて、個別に包装したキャンディが入った容器を置き、「これは別の部屋で調査に参加している子どもたちのためのお菓子です。まあ、欲しかったら取ってもいいですけどね」と伝えます。さて、その言葉をそのまま受け取って、子どもたちのためのキャンディをたくさん取ったのは、誰だったでしょう。そう、そのとおり。金持ちの学生たちは、貧しい学生たちのおよそ二倍のキャンディを取っていったのでした。

彼らはいったいなぜ、こういう感心しない行動をとるのでしょう。ピフは、社会経済的に高いランクにある人たちは、富と力を経験することによって、人間性がいくらか損なわれるのだと結論づけています。欲しいものを手に入れるのに他者に依存することが少ないからです。したがって自己中心的になり、まわりの人のことを気にかけず、思いやりがありません。面白いことに、ｆＭＲＩを使って脳の活動を調べてみると、脳神経の働きでも両者の違いが確かめられます。

人間には、他の人が何かの動作——たとえばスピーチ、料理、ダンスなど——をしているのを見ると、自分がその動作をしているときに使われる神経回路が活性化するという素晴らしい現象があります。ただ観察しているだけではなく、それをまねて演技をしているような感覚になるのです。この現象を、心理学者たちは動作共鳴（motor resonance）と呼びます。このおかげで、私たちは他者の行動の意味がわかり、他者の視点からものごとを想像することができます。

驚くべきことに——といってもここまで読んできたみなさんはもう驚かないと思いますが——パワーを自覚している人は、そうでない人に比べ、この「動作共鳴」がはるかに少ないのです。[5] この信じられないほどに巧妙な脳の構造は、人間がその進化の過程で、他の人間たちの考えや感情を知るために発達したユニークなしくみなのですが、パワーのある人の場合は、この働きがすっかりなまっています。認知のエネルギーをケチって、概略だけわかればいいと思っているからです。

そのため、あなたがパワーのある人と人間関係を持とうとするときには、これが大きな障害になります。その人が、あなたよりも「自分の方が優れている」と考えるからではありません。あなたについて何ひとつ考えてくれないからです。

しかし本当に怖いのは、あなた自身にもこういうことが起きるということです。パワーというのは、ほんの一瞬感じただけでも、同じ働きを誰にでも及ぼすのです。

つまりいまお話ししたような結果は、日常的にパワーを手にしている人たちに限らないということです。この章で紹介した研究のほとんどで、「パワーを持つ人」とされた人たちは、一般的にパワーの感覚を持つ人だけでなく、実験の中で一時的にパワーを感じさせられた人たちも含まれています。このことは非常に重要なポイントです。私たちは、富と権力を持つ人たちの悪い行ないを目にするとつい「権力を求める人間というのは、ばかげたリスクを冒し、無責任で不道徳だ」と決めつけがちです。しかし、ガリンスキーやピフたちが行なった研究の結果を見ると、パワーというのは単に原動力に過ぎず、そのとき初めてそれを手にした人も、生まれてからずっと享受している人も、同じまちがいをおかす可能性があるということがわかります。

この章の初めに、パワーが優れた行動に結びつくことが多いということをお話ししましたね。それでは、優れた行動に結びつかないのは具体的にどういうときか、それはなぜなのかについても説明する必要があるでしょう。パワーを持つ人たちというのは、常に数多くの問題や用事を抱えています。すべての面でベストを尽くせないのは、無理からぬことです。どこに努力を注ぎ、どこで手抜きをするかを選ぶ必要があります。それを彼らはどうやって決めるのでしょう。

当然のことながら、パワーのある人たちは一般的に、自分にとって価値が低いと考えられる用件について手抜きをします。それらは、言うなれば下の人間がやれば済むような仕事です。手抜きの姿勢はもちろん結果に現れます。たとえば前述のガリンスキーが行なった実験で、参加者たちに、掛け算表を埋めていくといった退屈で反復の多い仕事をさせると、リーダーの立場にある人（つまりパワーを持っている人）は、平社員たちよりできが悪く、「こんな仕事はリーダーの仕事ではない」などと文句を言います。

彼らは傲慢にも見えますが、こういう反応はもっともだと考えてあげるべきでしょう。パワーのある人たちは、仕事に対して非常に大きい情熱とやる気を持って臨みますが、エネルギーもやる気も無限ではありません。したがって「動機づけられた戦術家」として用件を選択する必要があります。つまりそういう人たちは、相手を正しく評価するのに必要なエネルギーを、別のことに使うために、節約してしまうことが十分考えられるわけです。

パワーを持つ人は、常に見返りを求めている

確実にわかっていることは、パワーを持つ人があなたを認識しようとする場合、それにかかる時間とエネルギーを最小限にしようとして、「認知的倹約家」が使うショート

カットに依存することが多いということです。なぜそうなのかについては意見が分かれています。

ある研究者は、「単に認識する側が負担を減らして、精神的リソースをもっと大事なこと（正確に言うと、本人がもっと大事だと考えていること）に使おうとするから」と説明します。他の研究者は、「パワーを持つ者にありがちな自己中心的態度の結果、たまたまそうなった」と解釈します。また別の研究者は、研究結果をもとに、「パワーのある者は（たいていは無意識に）パワーのない人との間に心理的距離を保ちたいという気持ちが働くため、意図的に関心を向けない」と説明しています。

「パワーレンズ」の働きにはこれらのすべてが要因として含まれていると考えるのが、一番理にかなっていると思います。パワーを持つ人は、相手が自分より弱い立場だと見ると、相手に関して細かい微妙な部分まで読み取る努力はしなくていいと思うようです。その結果、「フェーズ1」の思い込みを持つ傾向が強まります。ふつうの人でもパワーを持つと、ステレオタイプ的な判断をしやすくなることが、多くの研究によって明快に示されています。[6]

採用面接官や管理職など何らかのパワーを持つ人が、志願者を選んだり報酬を決めたりするときに、偏った情報によって動かされやすいことも、研究によって確かめられています。彼らは特に、対象となる人にネガティブなステレオタイプを当てはめる傾向があります(女性は感情的になりやすい、数学に弱いなど)。それでも、本人は自分の判断が偏見に影響されているなどとはまったく思っていないケースがほとんどです。[7] 女性の面接官やマネジャーでさえ、無意識に他の女性をステレオタイプで判断します。過去二〇年間の社会心理学研究が明らかにしてきた、興味深いというより少々怖い事実は、まったく誤りだと確信しているステレオタイプにさえ、人は左右されてしまうということです。

パワーを持つ人が恐れを感じている場合、たとえばその権力基盤が不正なものだったり不安定だったりすると、部下をネガティブなステレオタイプで見る傾向はいっそうひどくなります。一連の研究によれば、グループの中からリーダーを無作為に選んだ場合、そのリーダーはメンバーに関するステレオタイプ的な情報に、注意をより多く払います。一方で、リーダー自身が、対人スキルや仕事の適性などを評価されて選ばれたと自負している場合には、そういう偏見は消失します。[8] こういう研究の結果を見ると、リーダーたちは、自分がそのパワーを持つ資格があると思えるようになるために、ネガティブなステレオタイプを戦略的に使うのではないかと思われます。

ただ、パワーを持つ人たちが常に他者に対する正しい認識を怠るわけではありません。パワーを持っているからこそ、より的確な認識が行なえる状況というのがあって、「パワーレンズ」を完全に理解するカギがそこにあります。

心理学者のジェニファー・オーヴァーベックおよびバーナデット・パークは実験によって、パワーのある人たちの認識能力が常にお粗末なわけではないことを示しました。それによれば、彼らはむしろ柔軟で、自分の「注意力」をリソースとして戦略的に配分しているのだといいます。つまり何かの目標のために、相手に関する情報を見極め、相手の印象を正確につかむ必要がある場合には、パワーを持つ人たちは、持たない人たちよりもずっと効果的にそれを行なうのです。

オーヴァーベックとパークの実験にこういうものがあります。参加者たちに、出版社の主任になってもらいます。仕事は在宅勤務をしている五人の校正者（実は実験スタッフ）を管理することで、したがってパワーを持ちます。校正者たちは仕事の進捗具合、たとえばどのようなまちがいがいくつあったか、どんなことに困っているかなどを報告してきます。校正者たちには個人的なプロフィールが割り当てられていて、報告の際に、指示されたとおりに個性を表現します。「ジョー」は人柄がよくて親しみやすい、「サリー」は頭がよくてテキパキしているといった感じです。

主任役の参加者たちには、次の二つの目標のうちのどちらかが指示されます。

ゴール1：部下たちにやる気と帰属意識を持たせること

あなたの仕事は、部下たちがポジティブでやる気に満ち、会社の一員だという気持ちで働ける雰囲気づくりをすることです。そういう雰囲気があると従業員はより熱意とモチベーションを持って、会社にとって何がベストかを常に考えるということが、証明されています。適切な環境ができあがれば、会社の目標が達成されるのはそんなに難しいことではありません。給料をもらって在宅勤務をしているのにテレビを見たりすることもなくなり、会社の利益のために努力するようになるでしょう。このゴールを達成するために必要だと思われる手段を使ってください。アドバイスやフィードバックを与えてもいいし、給料の条件を利用してもかまいません。

ゴール2：部下たちをより生産的、効率的に働かせること

あなたの仕事は、部下たちの業務成績を期限内に目標レベルまで引き上げることです。在宅勤務を有効な働き方にするためには、できるだけ高い生産性と効率性が実現できなければなりません。したがって、目標レベルの生産性が確保できるかど

うかを見極める必要があります。部下たちが勤務時間内にテレビを見るなどして、

会社の目標達成を妨げるようなことがあっては困ります。何らかの方法を用いてこの目標を達成してください。アドバイスやフィードバックを与えてもいいし、給料の条件を利用してもかまいません。[9]

部下たちに会社への愛着心や帰属意識を持たせるためには、それぞれの社員をきめ細かく理解しなければなりません。したがってゴール1を達成するためには、単に高い作業効率を維持するというゴール2に比べ、部下たちの印象を的確につかむことに時間と努力を注ぐことがより重要になります。

それぞれのゴールを言い渡された主任たちは、その後一時間ほど、部下たちと報告に関してメールで話し合い、各部下の働きぶりとパーソナリティに関する印象を評価しました。

この実験の結果、パワーを持つ人たちがゴール1のような目標を与えられたときには、部下一人一人の違いをきちんと認識して、その特質を正確に見極める傾向があるということがわかりました。つまりあなたの場合で言えば、上司があなたに関心を持つときというのは、そうすることが自分の目標達成のために役立つときだということです。オー

ヴァーベックとパークをはじめ多くの研究者が、パワーを持つ人がステレオタイプで人を見るのは、相手に注意を払うことが不要か、その見返りがないときであるということを実証しています。

くもったパワーレンズをかけている人に、自分をはっきり見てもらうには

前述の研究には、とても重要な洞察が含まれています。パワーを持つ人にとって、あなたがどれくらい有用かがカギだということです。はっきり言えば、それがすべてなのです。彼らにとって大事なのは、自身の目標を達成するためにあなたに何ができるか、あなたを的確に理解することが**自身の利益にどう関わるか**、あなたをよく知るために、時間や精神的なエネルギーを費やすのであれば、その**投資に対する見返りは何か**ということです。

認めてほしい相手にとって有用な人間となるために、あなたがまずしなければならないことは、その相手がどんな願望を持ち、どんな問題を抱えているかを知ることです。たとえば、その相手が直属の上司だとします。あなたは自分の今年度の目標や「ストレ

ッチゴール」については理解していると思いますが、上司に課せられている目標が何かを知っていますか？　上司がどんな点でもっとも助力を必要としているか、その負担を軽減するために自分にできることは何かを把握していますか？　上司の仕事の中でいま順調に進んでいない部分はどこかわかりますか？

時間の使い方に関しては、誰でもたいてい多少の融通が利くものです。自分の仕事の優先順位を調整し、上司が一番援助を必要としている部分への助力を申し出れば、あなたが役に立つ人間だという上司の認識は大いに深まります。

また、直接上司から頼まれたことをすべてこなすのはもちろんのこと、有用であると注目されるためには、頼まれる前にニーズを読み取って行動する必要があります。以前に私のところにいた研究助手はまさにそういうタイプの人でした。あとで必要になりそうな文献などを、言われなくても準備し、実験参加者のスケジュール調整まで一手に引き受けてくれました。こういうことは報われることの少ない面倒な仕事です。彼女が研究室を辞めて大学院へ移るとき、私はいままで書いたことがないほどの賛辞をつらねた推薦状を書きました。そして一週間ほど落ち込みました。これこそが有用性というものです。

有用な存在であることは、単に「いい人」であることとは違います。人の役に立つということです。大きな会議や何かの授賞パーティに参加すると、人々が有力者や大物を取り囲んで、お世辞や賛辞を雨あられと注いでいる場面をよく見かけます。いつも驚くのは、人々がこれをほとんど自動的に行なっていることです。考えなくても言葉が自然に口から出てくるようです。「本当に素晴らしいお仕事をなさっていますね」「私はあなたの大ファンなんです」「あのマーケティング戦略は実に秀逸ですね」もちろんそういうことを言われたら、誰でもニッコリはするでしょう。またこちらは敵ではなく味方だ、ということくらいは伝わります。それは結構ですが、その有力者にとっては、こちらがその人のことを崇拝していようがいまいが、まったくどうでもいいのだということを、ぜひ覚えておいてください。

相手の注意を本当に自分に向けたければ、相手がその素晴らしい状態をさらに発展させるために、こちらに何ができるかを知ってもらうしかありません。それが、あなたの本当の価値を認めてもらう唯一の道です。

少々マキャベリ的に聞こえるかもしれませんが、パワーのある人は多くの責任を担い、多くの仕事を抱えているものです。少々態度が傲慢に見えるかもしれませんが、人間の精神的・感情的リソースには限りがあるので、基本的にこれが現実に即したやり方なのです。パワーのある人に時間とエネルギーを割いて注目してもらうには、こちらにそれだけの価値がなければならないし、それを示すのはこちらの仕事です。価値が示されるまでは、彼らにはパワーのない人たちにあえて注目する理由がありません。

だからといって、有力者に近寄って自分の長所をまくし立てることを勧めているのではありません。そんなことをしても、彼らは何の興味も示さないでしょう。大事なのは相手が何を目指しているかです。**相手の目標の中にあなたの目標と重なる部分はないか、どうやったら自分が相手の役に立てるか**と考えてみてください。その答えが見つかったら、彼らの「パワーレンズ」が、あなたに有利に働き始めるはずです。

この章のポイント

★パワーを持つ人は、あなたのことをきちんと認識してくれません。その理由は多くの場合、相手が自分の目標達成に集中していて、ほかの人の問題や考えにまで気がまわらないからです。ショートカットを駆使して大まかに理解するので、他者の複雑で微妙な点までは目に入りません。

★パワーは状況によって変わります。ある時点であなたよりパワーを持っていた人が、別の状況ではパワーが低下することもあります。パワーは動的で常に変化しているので、「パワーレンズ」は、誰でもつけたり外したりするのです。

★パワーを持つと、ステレオタイプや先入観にいっそう強く依存するようになります。パワーのある人に自分を特別な個人として認めてもらうことは至難の業（わざ）です。

★大きなパワーを持つ人が他者について的確に理解しようとするのは、それが自分の目標達成のために必要なときです。だからこちらが有用な存在、つまり相手の目標達成を助ける人になることが大事です。そうすれば相手は、時間と精神的エネルギーを使ってあなたを正しく見極めることに意味があると思ってくれます。

第六章　エゴレンズ——自己肯定感を守るための色メガネ

女優で、ライフスタイルのトレンドリーダーでもあるグウィネス・パルトローにとって、二〇一三年はいろいろなことがあった年でした。出演した映画「アイアンマン3」が大ヒットし、『It's All Good』というタイトルで出した料理本がベストセラーになり、雑誌《ピープル》の「もっとも美しい人」に選ばれるなど、幸運がたて続けに訪れていました。ところが「もっとも美しい人」の結果が発表されてから数週間後、彼女の周辺はまったく別の話題で持ちきりになりました。《スター・マガジン》誌の読者投票で「ハリウッドでもっとも嫌われる有名人」に挙げられたのです。

パルトローが、豪勢な暮らしぶり、健康的な食事、均整の見事に取れた体など、すべてに人並み優れた華やかな生き方を、ウェブサイトやニューズレター *Goop* で盛んに宣伝したことによって、世間のネガティブな反応を呼び込んでしまったのは確かかもしれません。それにしても、彼女を「偉そう」「傲慢」「お高くとまっている」「エリート主義」などと非難するのは、正当と言えるでしょうか。オンライン上にまき散らされた悪口を読んでいく限り、パルトローがそういう人間だということを裏づけるものはほとんど見つかりません。たまに彼女が口にした言葉（おそらくは意地悪く解釈したもの）が前後関係を無視して引用されているくらいです。

グウィネス・パルトローはイヤな女かもしれないし、そうじゃないかもしれない。でも彼女を個人的に知らない圧倒的に多くの人たちがこれらの書き込みを読めば、イヤな女だと思い込んでしまうでしょう。なぜかって？

たいていの人は、外見の良い人たちはうまくやっていると思っています。魅力的であるということがすべての面で有利に働くだろうと考えます。そして多くの場合は、そのとおりです。第二章でお話しした「ハロー効果」が働くので、魅力的な人はそれ以外にも優れた特質を備えているのだろうと、人が無意識に推測するからです。外見に好感が持てるという理由だけで、人柄も温かく、親切で、頭も良く、ユーモアもあり、正直なのだろうと思われてしまうのです。

しかし、その「美しい」という優位性が必ずしも大きな成功に結びつくとは限りません。容姿に恵まれていることが就職、配属、昇進、奨学金取得などの大事な機会を逃すことにつながる場合もあります。「ハロー効果」がうまく働かないからではなく、もっと強力な何かが邪魔をするからです。それは、その人を認識する側がかけている「エゴレンズ」というメガネです。

「信用レンズ」や「パワーレンズ」と同じように、この「エゴレンズ」の使命も単純なものです。それは自分が優位になるようにものごとを見るということです。この使命を果たすために「エゴレンズ」が使う戦略はいくつかあり、この章ではそれらを詳しく見ていきたいと思います。

まずはその四つの戦略を簡単に説明しましょう。

戦略1：相手より自分の方が（相手のグループよりも自分のグループの方が）優れている点に注目する。

戦略2：相手と自分が同じグループに属している点に注目する。この場合、相手の成功は自身のものでもあり、その素晴らしい栄光に自分も浴（よく）すると考える。

戦略3：相手の優れた点が自分にとって脅威ではないと判断する。相手の持つ資質が自分のものと重なっていないか、相手の優れた点を特に評価しない場合。

戦略4：右の三つの戦略のどれを使ってもうまくいかないときや、どれもうまく当てはまらないときには、相手の優れた資質や業績が、認識する側の自己肯定感にとって脅威となる。そのため、相手を避けたり、邪魔したりして、脅威をなくそうとする。

美しい女性が、就職の面接にやってきたとします。これらの戦略はどのように働くでしょう。

面接官が同じくらいきれいな女性の場合には、戦略1が使われます。彼女は自分も美しいことを知っているので、「私の方がこの人よりきれいだわ」と確信することは容易です。美醜などはそもそも主観的なものですからね。そうなると、もう脅威は存在しないので、「ハロー効果」がいい方向に働きます。

面接官が男性の場合には、戦略3が働きます。彼は候補者と同じものを競い合う（たとえば恋人を奪い合うとか——）ことはないので、ここにも脅威は存在しません。

ところが、面接官がそれほど美しくない女性だったらどうでしょう。戦略2はうまくいきません。二人は見ず知らずの他人で、しかも同じ資質を競うことになります。二人とも同じ「女性」というグループに属していますが、片方が非常に魅力的であることが他方にとってもうれしいことにはなりません。面接官にとって候補者の魅力は脅威です。したがって残るのは戦略4、つまり避けるか邪魔をするかです。これらの心の動きは研究によって確かめられています。

たとえば、魅力的な学生が大学院の奨学金に応募した場合に審査官がどういう反応をするかという研究があります。異性の審査官の場合は「ハロー効果」が働いて甘い評価をしがちですが、同性の審査官の場合にはそういうことはありません。ただし男性の審査官は、学生がどれほどハンサムでも何も感じない（ハロー効果が働かない）だけですが、女性の審査官は美しい女性の応募者をその美貌ゆえに罰します。[1]

また別の研究でも、応募者の適性評価は、評価者の容姿と関連があることがわかりました。評価者の容姿が優れている場合には、応募者がどれほどハンサムでも美人でも評価に影響しませんでした。ところが容姿が平均的である評価者の場合には、優れた容姿を持つ同性の応募者を、低く評価する傾向にあります。[2]

ここでもまたそれらの評価者たちは、自分の行なう評価が自身の容姿のせいで歪んでいるということに、ふつうはまったく気がつきません。「エゴレンズ」は「フェーズ1」で認識を歪めます。そのために、脅威となる応募者には適性が欠けていて、これまでの業績もたいしたことはないと、本当にそう見えるのです。心の中で「こんなきれいな人は私にとって脅威だわ。絶対に雇いたくない」などと考えるわけではなく、まして人にそう告げることもありません。しかしそれがまさしく実際に起きていることなのです。

「エゴレンズ」の基本的な機能は、その人の自己肯定感（self-esteem）を守ったり高めたり、自分に自信を持たせることです。「エゴレンズ」は実際に大変有効なので、ふつうの人は誰でも（病的に落ち込んでいるのでない限り）、自分に対して全般的にポジティブな見方をしていて、かなり高い自己肯定感を持っているものです。

自己肯定感というのは、自分に対するポジティブな評価とネガティブな評価、自覚している強みと弱点、成功と失敗の記憶などを総合したものです。なかでもいくつか、自分の本質にもっとも深く関わるものは特に重視されます。たとえば私の場合なら、「母親」としての能力や「心理学者」としての能力は、運動能力や芸術面の能力（のなさ）に比べて、はるかに私の自己肯定感にとって重要です。だから自分の描く絵がどれほどマズかろうが、ちっとも気になりません。芸術センスのあるなしは、私が私であることにとって、少しも重要ではないからです。でもうっかりして娘のお弁当をつくり忘れたり、あるいは提出した論文が学術誌の審査を通らなかったりしたら、自己肯定感を打ち砕かれます。

このことはぜひ心にとめておいてください。あなたを判断する人は、それぞれ独自の自己肯定感を持っています。それはその人にとって何が大事かによって決まるのであって、あなたにとって何が大事かではありません。あなたを見たときに、彼らの「エゴレンズ」がどんなバイアスを生み出すかを知りたければ、その人が何を大事に考えているかを少し探ってみればいいのです。たいていの人は自分の仕事、知性、社会的地位、外見の魅力などを大事に思っています。全員とは限りませんが、大多数がそうだと考えていいでしょう。あなたがもし、相手の自己肯定感の何かを脅かしているのであれば、その人の「エゴレンズ」が働き始めると覚悟すべきです。

自分を肯定的にとらえる第2のしくみ

人はどのようにして自分の能力を肯定的にあるいは否定的に認識するのでしょう。自己肯定感はどこから来ると思いますか？　たいていの場合それは、「ほかの人と比べて自分はどうなんだろう」という、ほぼ常に行なわれている意識的なまたは無意識的な比較によってもたらされるのです。そして誰でも「エゴレンズ」をかけていますから、その答えはいつも「自分は人並み以上だ」というものになります。

この現象は「レイク・ウォビゴン効果」と呼ばれます。レイク・ウォビゴンというのは、ギャリソン・キーラーの自伝的小説に登場する架空の町の名前です。この町では「すべての女性は強く、すべての男性はハンサムで、子どもたちはみな平均以上」なのです。私たちはほとんど誰でも、このレイク・ウォビゴンの住民と同様に、自分をたいていの重要な側面において（いくつか重要でない面においても）、人並み以上だと思っているということを、これまで数多くの研究が実証しています。ドライバーたちは、自分の運転技術や安全への気配りについて「平均以上である」と必ず答えます。マネジャーたちは、仕事ぶりやリーダーシップに関して自分は「平均以上」だと考えています。実業家たちは、ビジネス倫理に関して自分は「平均以上」であると思っています。大学生は、自分は他の学生より健康で、優秀で、人気があると信じています。

次の質問にちょっと答えてみてください。できるだけ正直に……

Q1　あなたが将来、失業する可能性はどのくらいだと思いますか？　同年代の人たちと比べて、その割合は高いですか、低いですか？

Q2　あなたが将来、いまよりも裕福になる可能性はどのくらいだと思いますか？同様の仕事をしている他の人たちと比べてその割合は高いですか、低いですか？

同じような境遇の人と比べて、裕福になる可能性は高く、仕事をクビになる可能性は低いと答えたのではありませんか？　もちろんそうですよね（抑うつ気味であるとか、質問者の裏をかきたいと思ったのでない限り）。

「エゴレンズ」をかけているおかげで、たいていの人は、良いことは他の人よりも自分に起こりやすく、悪いことは起こりにくいと思っています。自分は、最終的に素晴らしいキャリアを築き、マイホームに住み、夫婦円満で、八〇歳を超えて長生きする確率が人よりも高いと信じています。買った車が不良品だったり、クビになったり、心臓発作を起こしたり、アル中になったり、性病にかかったりすることなど、まずないと思っています。[3]「そういうことは他の人に起きることで、自分は大丈夫（特に最後の性病なんかは）」というわけです。

心理学者はこういう心理を非現実的楽観主義（illusory optimism）と呼びます。正直なところ私は、多くの場合にはこれはいいことだろうと思っています。ものごとがたぶんうまくいくだろうと信じることは、人に幸福感をもたらし、たとえ試練や失意に出会っても、そこから前に進んでいく気力を与えてくれます。楽観主義は心身の健康にも関わっていて、病気の回復も早めるし、大事な人生の目標を簡単にあきらめないことにもつながります。この超ポジティブ思考を維持しようとする意志は大変強固で、何かでしくじったときなどは「エゴレンズ」がふだん以上に大活躍して、そのできごとの見方や責任の所在を、少々手直ししてくれます。

みなさんもそういう例を見てきたと思いますが、人は、何かがうまくいったときはさっさとその手柄をわがものにし、うまくいかなかったときには、実にクリエイティブな方法で責任をかわします。私は大学で教えていますが、テストの成績が悪かった学生が、「あんな問題はずるい」とか「難しすぎる」と文句を言ってきたことが数知れずあります。しかしただの一度として、Aを取った学生が「テストがばかにやさしかったために、いい点が取れてしまいました」と言ったためしはありません。「エゴレンズ」が働いているために、成功は自分の努力や能力のたまものであり、失敗はまったく克服不可能な（他者によってもたらされた）障害が原因であると考えるのがふつうなのです。

「エゴレンズはここまでやる！」ということを示す例として大変面白いのは、一九七七年の《トロント・ニュース》に掲載された自動車保険の請求に関する記事です。そこには、事故を起こした人々が、その事故をどのように説明したかが述べられていて、「エゴレンズ」の働きがよく読み取れます。

・どこからともなく目に見えない車が現れて私の車に衝突し、そのまま消え去った。
・歩行者が私の車にぶつかって、その後車の下に潜り込んだ。
・交差点に差し掛かると、植え込みが突然伸びてきて私の視界を遮った。[4]

（本当に頭にくる。こんな植え込みはけしからん！……というわけですね）

自分の能力や成功を、できの悪い他人と比べる

前に書いたように、自己肯定感の中核にあるのは他者との比較、つまり自分の能力や実績が他者と比較してどうかということです。心理学者のエイブラハム・テッサーは、

「人の自己肯定感は、他者の成功や弱点によって、高まったり脅かされたりする」と言い、それには二つの要素が関わると説明しています。[5]

一つ目の要素は「自分との関連性」です。他者の成功（あるいは失敗）の領域が、どのくらい自分にとって意味があるか、自分自身の本質的部分と関係があるかということです。プロのテニス選手は、ライバル選手がメジャーなトーナメントで勝利すると、大いに心が騒ぎますが、有名シェフが新しいレストランで大成功を収めたと聞いても、何も感じないでしょう。他者の成功に影響を受けるといっても成功それ自体ではなく、自分がそれを切望している特定の成功に影響を受けるのです。

もう一つの要素は「心理的近さ」です。その成功者は、自分の生活における主要な登場人物でしょうか。よく知らない人や遠くにいる人の成功なら、簡単に無視できます。良い意味でも悪い意味でも、本当に影響を受けるのは、しょっちゅう会う人や、強い感情を抱く相手の成功や失敗です。だから兄弟の間では激しい競争意識が働きます。はとこの子くらい遠ければ、競争意識は生まれません。図6-1を見てください。

さて、エゴを脅かすものを取り除いて自信を持つためには、どうすればいいでしょう。誰と比較するかということが、自己肯定感に大きな影響を及ぼすことは明らかです。したがって私たちは可能な限り、比べる相手を戦略的に（といっても無意識にですが）選

図6-1

エゴの脅威はどのように働くか
——自分との関連性と相手との心理的距離が自己肯定感に影響する

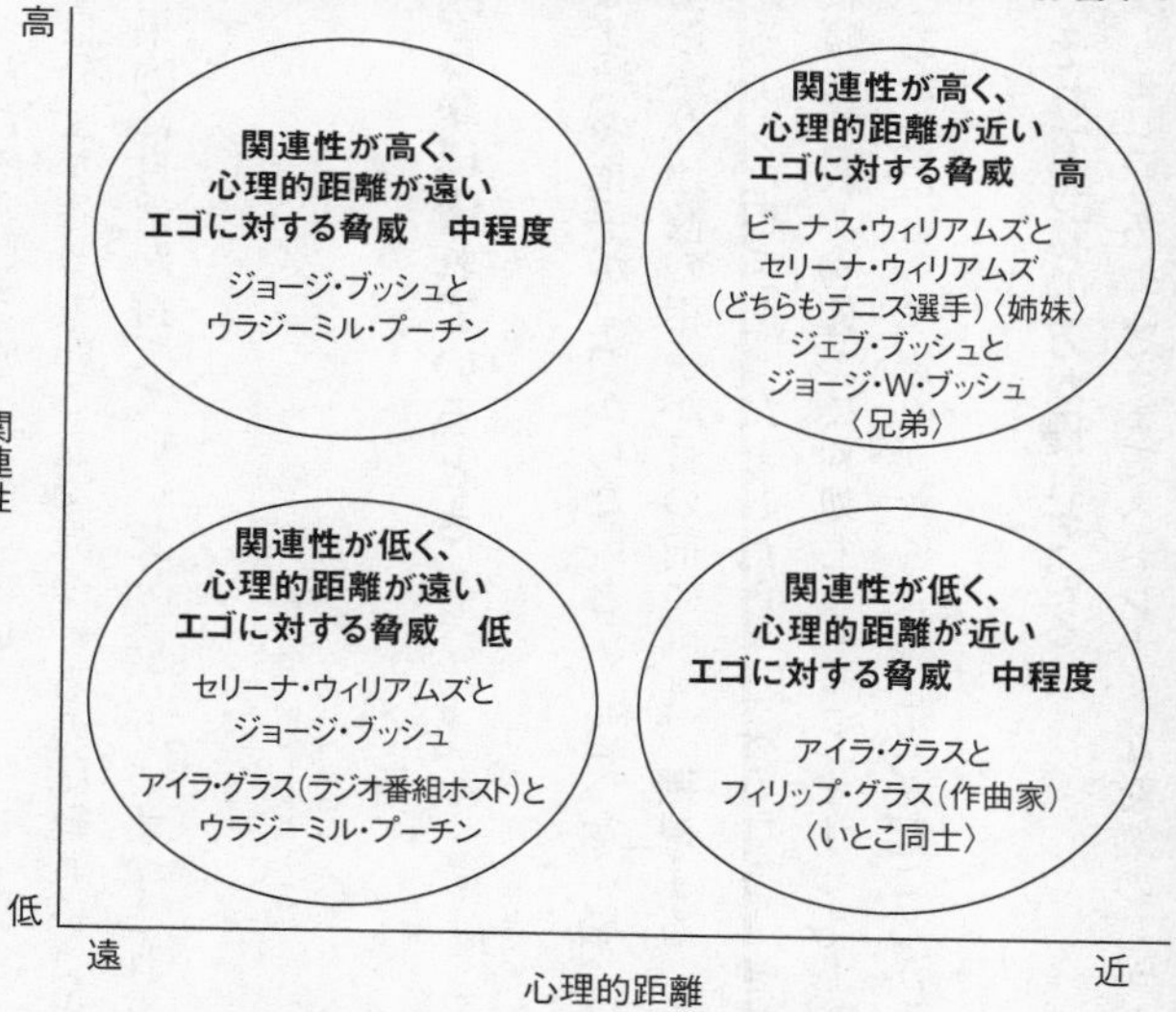

関連性（高／低）

関連性が高く、心理的距離が遠い
エゴに対する脅威　中程度
ジョージ・ブッシュと
ウラジーミル・プーチン

関連性が高く、心理的距離が近い
エゴに対する脅威　高
ビーナス・ウィリアムズと
セリーナ・ウィリアムズ
（どちらもテニス選手）〈姉妹〉
ジェブ・ブッシュと
ジョージ・W・ブッシュ
〈兄弟〉

関連性が低く、心理的距離が遠い
エゴに対する脅威　低
セリーナ・ウィリアムズと
ジョージ・ブッシュ
アイラ・グラス（ラジオ番組ホスト）と
ウラジーミル・プーチン

関連性が低く、心理的距離が近い
エゴに対する脅威　中程度
アイラ・グラスと
フィリップ・グラス（作曲家）
〈いとこ同士〉

遠　心理的距離　近

びます。自己肯定感を高めたり維持したりするには、「自分にとって大事な分野で明らかに劣ると思われる身近な人」に意図的に注目すればいいのです。たとえば、何ごともきちんとしている人の場合は、万事いい加減な弟に注目するわけです。心理学者はこれを、下方社会的比較（downward social comparison）と呼びます。

ご承知のように、人はこういうことを始終やっています。ただそういう動機が働いていることに、ふつうは気がついていません。何らかの点で自分より劣っている人を見つけるのは難しいことではないし、その人に注目すれば、結果的に自信が持てていい気分になります。これもみな「エゴレンズ」のなせる業なのです。

相手が明らかに優れているとき

適当な比較の相手が見つからないとか、選べない場合はどうなるでしょう。あるいは、すでに明らかな比較の相手が目の前にいて、無視することもできず、しかもこちらが劣って見えるような相手だったとしたら？　そういうときに人は脅威を感じ、前に述べた四つの戦略のどれかを使って対処しようとします。もしもあなたが脅威を与える側だとすると、あなたにとってありがたくないことが起こるかもしれません。

戦略1：それでも私の方が優れている

これはもっともあからさまでストレートな対処のしかたです。相手の能力や成功がもたらす脅威を小さくしようとして、自分の方が優れている（と信じている）別の側面を持ち出して「下方社会的比較」を行なうのです。そして、その優位性を実際以上に誇張します。

たとえば、私と夫がドライブに出かけるとします。私が夫にスピードの出しすぎをうるさく注意すると、彼は決まって、「君だって何度も歩道の縁石にこすったり、乗り上げたりしたじゃないか」と言います。そんなことはスピードと関係ないし、「何度も」と言われるほどはやっていません。でも彼は、私が縁石に乗り上げた事実を大げさに言って、いい気分になろうとしています。本心は妻の方が明らかに運転がうまいことを知っているからです。

人がこの戦略を使うときには「そうかもしれないけど、でも……」という言い方をよくします。たとえばこんな感じ。

「そう、アンジェラが昇進したの。でもあの人完全に仕事中毒じゃない。あんな人生、私はごめんだわ」

「たしかにスティーブンは愉快な男だよ。だけど単なる目立ちたがり屋に過ぎないさ」

「そりゃ、ボブの新しい彼女はたしかに美人よ。でも頭の中は空っぽなんじゃない？」

その人個人ではなく、属するグループを「下方比較」することもあります。これはあまりあからさまではありませんが、戦略としては非常に効果的です。自分たちがあるグループに属すること、つまり「グループ・アイデンティティ」は、自分の個人的特質と同じくらいに、「自分は何者か」を決定する重要なものです。

グループ・アイデンティティの土台になるのはたいていの場合、共有する目標や、人種、ジェンダー、民族、職業、家族、国、宗教などに関してそのグループが共通に持つ要素です。二〇世紀の北アイルランドではカトリックかプロテスタントかということが、中世ヨーロッパでは農奴か領主かということが、一八六〇年代のケンタッキー州においては激しい抗争を繰り返した両家のうちハットフィールド家の人間かマッコイ家の人間かということが、自分が誰なのか、どのように生きるべきかのすべてを決定づけてしまったろうと想像できます。またアメリカではいまでも、黒人か白人か、同性愛者か異性愛者か、キリスト教徒かイスラム教徒か、富裕層か貧困層かということが、生き方を形づくり、機会や優位性、あるいは制約や抑圧をもたらしています。

社会心理学者たちが常に主張しているように、これらのグループ・アイデンティティは、自己概念や自己肯定感を決定づけるうえで、個人的能力や業績よりさらに大きな役割を果たします。したがって、自己肯定感を持つためには、属するグループやそのメンバーに対してポジティブな見方を維持することがどうしても必要です。グループメンバーの行動が自分の体面に関わるからだけではなく、グループは自分が何者であるかという認識の一部であり、自分をどう見るかに関わっているからです。メンバーは自分そのものとも言えます。メンバーが賢くて勇敢で善良でないとしたら、自分だってそうなることが難しいと考えてしまうわけです。

一方で、認識しようとする相手が、自分とは違うグループに属している場合、相手は自分たちではなくあいつらの一人です。過去数十年間、社会心理学は繰り返しこのテーマを研究してきましたが、「あいつら」と見られることは有利ではないということが明らかにされています。[6]

人は「あいつら」をどう認識しているのでしょう。一般的には、「あいつらはみな同じだ」と思っているのです。「あいつら」は「自分たち」と非常に違うと思っていて、自分たちほどは善良、賢明、勤勉、道徳的ではないだろうと思っています。したがってあまり信用しないし、自分の時間やエネルギーを多く提供するに値しないと考えています。

たとえば「学生社交クラブなどに入っている女子大生なんて、みんな頭が空っぽだ」「ITをやっている若者たちって、つまりオタクだろう」、「二〇〇〇年前後に大人になった世代は権利意識が強い」などと考えるわけですが、それ以外にもずっとひどい思い込みがたくさん存在します。必ずしもそれを口にするとは限らないし、意識して考えることもないかもしれません。でも暗黙の裡に、脳はそういう思い込みに基づいて働くので、認識を大きく歪ませるにはそれで十分なのです。

人は自分の属するグループ（自分たち）が基本的に優れているのだと思うように強く動機づけられています。他者を「あいつら」として見くびるのは、その目的を達成する一つの手段です。したがって自己肯定感が傷ついたときには、よりネガティブなステレオタイプで他者を見る傾向があり、そのことは、多くの研究結果が明らかにしています。

たとえばある実験では、イタリア系の女子学生たちに、「知能テスト」と称したテストを受けてもらい、実際の成績に関係なく、ランダムに高い点と低い点を伝えました。その後彼女たちに、求人に応募してきた候補者の評価をするように依頼し、履歴書と面接のビデオを見せます。その際、候補者の名前をユダヤ人らしい名前（ジュリー・ゴールドバーグ）と、イタリア人らしい名前（マリア・ダガスティーノ）にしておきます。

その結果、事前の知能テストで低い成績を伝えられたイタリア系女子学生たちは、イタリア人候補の方は公正に評価したのに、ユダヤ人候補者の人柄や適性を低く評価したのです。これらの学生たちは全員、事前の評価で、ユダヤ人に対する偏見はないことが確認されています。しかし実際には、知能テストで高い成績を示された人たちだけが──自己評価が安定しているために──ユダヤ人、イタリア人どちらの候補者にも、同じようにポジティブな評価をしました。[7] この「自分たち」と「あいつら」を分けて考える傾向は、下がってきた自己評価を持ち上げる必要が生じたときにだけ現れたのです。しかし、日々の生活の中でこういうことは始終あるのだという現実を、直視する必要があります。

つまり、あなたの成功や能力が相手に脅威を与えている場合には、相手の「エゴレンズ」がその脅威を減らして自己肯定感を守ろうとするので、あなたの属するグループが自分たちより劣っている部分にことさらに注目しようとするかもしれません。その結果、あなたはステレオタイプ的な偏見、不信、差別の対象とされることになります。そして相手は、なぜ自分がそう考えるのかさえ理解していないのです。

ただこれだけは確かです。相手がこういう戦略を使って脅威に対処しようとするとき、あなたにとっていいことは何もないということです。

戦略2：私が属するグループはなんて素晴らしい！　反映された栄光に浴する

他者からもたらされる脅威を減らすために使う戦略はもう一つあり、これは認識される側にとってはほかの戦略よりありがたいものです。相手がグループの一員である点に注目し、相手の勝利を自分のものとして共有するという方法です。認識される人は、差別をされることなく、仲間としてのひいきを受けることができ、仲間の素晴らしさを高める認知バイアスの恩恵を受けられます。

そもそも人は、同じグループのメンバーを、重要でポジティブな面において自分と同様であると思い込んでいます。そして当然ながら、そのために相手に好意を持ちます。そしてグループメンバーに対しては、公正に評価し、思いやりと共感を示します。メンバーが行なった仕事は寛容に評価し、メンバーとはよりひんぱんに交流しようとします。

相手が「身内」であると考えれば、相手の成功や能力もさほど脅威とならず、むしろその人から反映される栄光を享受できるわけです。心理学者はこれを栄光浴（bask in reflected glory）と呼びます。わが子が学校や遊び場でほかの子より優れているのを見れば、親は栄光浴できるし、自国の選手がオリンピックで金メダルを取れば、国中が栄光浴できます。バラク・オバマが史上初の黒人大統領となったときには、全米のアフリカ系アメリカ人が栄光浴を経験したでしょう。

このように、自分のグループメンバーが成功すると、私たちは栄光浴ができます。それが一番よくわかるのが、ひいきのスポーツチームを応援する熱狂的ファンたちでしょう。自分の応援するチームが勝ったとき、彼らがどれほど興奮するかは驚くほどです。彼らは、公式のジャージやその他の記念グッズを手に入れるために何百ドルも使ったり、顔に（時には体にも）チームカラーのペンキを塗ったり、マスコットを描いたりします。自身はフィールドに足を踏み入れたことすらなくても、スーパーボウルやワールドシリーズでの自分たちの勝利は、人生における最高の瞬間として繰り返し思い出されます。

「栄光浴」は、ちょっとした行動にも現れます。『影響力の武器――なぜ、人は動かされるのか』を書いたロバート・チャルディーニによれば、七つの大学の学生たちを観察した結果、自校のフットボールチームが勝ったあとの数日間には、負けたあとよりもはるかに多くの学生が、自校のマークの付いたセーター、帽子、スカーフなどを身につけていたということです。[8]

戦略3：私には関係ない（異なる分野の資質や成功は脅威にならない）

脅威が生まれるには「相手が心理的に近いこと」と、「そのことがらが自分に深く関わりがあること」が必要だということを前に書きましたね。何らかの成功とそれを成し遂げた人が、自分にとって意味を持っているときに、それは脅威となります。そこで、自己肯定感が脅かされたときに、それを和らげるために、「エゴレンズ」はもう一つの戦略を使うことがあります。それは相手の成功の意味を軽く見たり、それから意識を切り離したりすることです。そのためには基本的に、「相手が素晴らしいことは自分にとって特に重要ではないので、特に考える必要がない」と思わなければなりません。同僚が昇進しても、自分がそのポジションを望んでいたのでなければ、脅威とは感じないでしょう。また独身を楽しんでいるのであれば、親友が結婚しても落ち込むことはありません。この章の初めに、男性の面接官が美人の応募者に脅威を感じることがないと書きましたが、それは彼が美しい女性になりたいとは思っていないからでしょう（たぶん）。

それに、親しい友人や家族が自分に関わりのない分野で成功したなら、それはまさしく「栄光浴」のチャンスです。自分と比較が生じない種類の成功を収めた人と近しいということは、自己肯定感の増大につながります。

兄弟や夫婦はこのことを戦略的に——といっても意識しているとは限りませんが——利用することがあります。意図的に違う道で自分を伸ばそうとするのです。違うスポーツを選んだり、別の専門分野に進んだり、異なる業界で働いたりします。そうすれば互いの成功が直接比較されず、自己肯定感も脅かされずに済むからです。

私の兄がスポーツ好きで私が本好きなのも、夫と四人の兄弟が、医療、法律、金融、歴史、ITとそれぞれ違う道を進んだのも、偶然ではないと断言できます。もし夫にもう一人弟がいたら、その子は料理人になったかもしれないし、マジシャンだったかもしれません。

兄弟がそれぞれ異なる道で成功を収めた例として近年でもっとも有名なのは、エマニュエル兄弟でしょう。シカゴの大物三兄弟で、三人がそれぞれの道でトップに上り詰めました。シカゴ市長で前大統領首席補佐官のラーム・エマニュエル、医療倫理学の権威で医療政策アドバイザーのエゼキエル・エマニュエル、ハリウッドの大物でウィリアム・モリス・エンデヴァーの共同経営責任者、アリ・エマニュエルです。いずれも壮大な野心を持ち、競争心が強く、それでいて信じられないほど仲がいいのです。今でもほとんど毎日のように話をするのだそうです。

でも彼らが政治なり医療なり、同じ道を目指していたとしたら、あるいは全員がハリウッドで大物エージェントになろうとしていたとしたら、これほど仲良くしてこられたでしょうか。以前にアリがこんなことを言っていました。「家族から評価されるというのがプレッシャーでした。うちの家族は近所の子どもがどうであろうと一切気にしなかったんですが」[9] その評価が同じ基準でなされたとしたら、つまりリンゴとオレンジでなく、リンゴとリンゴだったとしたら、兄弟はずっと仲良しの味方同士でいられたでしょうか。そうでないことは世間の多くの例が示しています。兄弟間の競争意識のために家族がバラバラになってしまう例を、みなさんもきっとご存じでしょう。

戦略4：回避（同じ分野で成功している人と距離をおく）

「エゴレンズ」が、脅威を減らすためにとる最後の戦略がこれです。そたとえば、あなたが成功を収めたことが、相手の自己肯定感を脅かしたとします。その重要性を無視することも難しいとなると、相手は「回避」によって、あなたとの距離を広げようとするかもしれません。

マルチプラチナ・アルバムを出したロックバンド「オアシス」のノエルとリアムのギャラガー兄弟の例を見てみましょう。どちらがもっと才能があるかとか、どちらが成功を導いたかとかでケンカが絶えず、今ではお互いに口もきかないのだそうです。ジョナス・ブラザーズも兄弟間のライバル意識によって、あれほど売れていたのにミュージシャンとしてのキャリアに終止符を打つはめになりました。あのエヴァリー・ブラザーズでさえ、互いを耐え難いと思っていたようです。

プロテニスのセリーナ・ウィリアムズも、姉のヴィーナスと対戦するときには、「いま私たちはライバルなんだ。姉妹にはまたあとで戻れる」と自分に言い聞かせて、一定の心理的距離を置くのだそうです。プロフットボールで有名なクォーターバックを何人も輩出したマニング一家は、ふだんはどのくらい会うのでしょうか。なにかと難しいこともあるだろうなと想像できます。子ども時代の彼らが、裏庭でフットボールを投げ合って遊んでいた頃とは、すっかり事情が変わってしまったからです。

親密さを減らすことによって脅威を和らげようとするのは、兄弟姉妹に限りません。昔からの友人、恋人同士、同僚の間にも起こります。みなさんのこれまでの人生を振り返ってみて、自分が成功したことによって、あるいは相手が成功したことによって、互いの関係が壊れてしまったということがありませんでしたか。自分の身に何かいいことが起きたとき、友人との関係を悪くしないために、そのことを隠したり、控えめに話したりした経験もあるでしょう。あるいは、友人に素晴らしい幸運が訪れたと知って、その人を少しの間避けようとしたことはありませんか？

すでに形成されている人間関係において相手との距離を置くというのは、エゴに対する脅威を和らげる一つの手段ですが、それをするにはいくらか痛みも伴います。そこで人は、そういう脅威になりそうな関係を、可能であれば事前に避けようとします。たとえば、この章の初めに述べたような採用面接の場合、女性面接官は自分を脅かす美人の応募者を選ぼうとしません。そうすればその人とはたぶん二度と会わないでしょうから、相手を完全に遠ざけることができます。どこか遠くに美しい人がいても脅威にはなりません。

相手のエゴレンズにどう対処するか

エゴレンズに対処するには、まず自分が相手を何らかの点で脅かしていないかを見極めなければなりません。あなたのことをよく知らない相手の場合は、特にそれが大事です。

まず、「自分とこの人は距離が近いか、あるいは今後近くなる可能性があるか」と考えてみます。「距離が近い」ということは、相手とどのくらい親しいかということではありません。相手にとってどのくらいあなたの存在が大きいか、つまりあなたの行動が、相手の仕事や人生にどれくらい影響するかということです。しょっちゅう顔を合わせなければならない人や、直接一緒に仕事をしている人、あるいは今後そういう関係になるかもしれない人はみな「距離が近い」といえます。

次に考えるべきことは「自分の能力や成功が、相手に深く関係するか」ということです。あなたの行動や言葉が、相手の能力や業績を翳らせる可能性はありませんか。たとえば立場上、相手の仕事を評価したり誤りを指摘したりすることはないでしょうか。もしこれら二つの点で当てはまるとしたら、相手のエゴレンズによるバイアスが、強く働くことを覚悟する必要があります。それを和らげるための方法を三つ紹介します。状況に応じて使い分けてください。

①謙虚にふるまう

相手を脅かすことがないように意識して行動することです。かといって、ことさら無知なふりをするとか、自分とは別の人格を演じろというのではありません。ただ脅威を感じている相手に対して自慢げにふるまうのは、あなたにとって決していい結果にならないということです。成功してもそれを謙虚に受け止め、自分のこれまでや現在のさまざまな困難について進んで話すようにします。そうすれば、弱点も持つ人間らしい人という印象を与えられ、コミュニケーションがかえってうまくいくようになります。またそれによって相手の自己肯定感を保ったり、時には高めたりできるし、少なくとも相手の気持ちを穏やかにして相手がかたくなな態度になることを防げます。

②相手を肯定する気持ちを伝える

ここまで、エゴがもたらすさまざまなネガティブな影響について述べてきましたが、どれにも効きそうな一つのシンプルな対処法があります。「相手を肯定する気持ちを伝える」ことです。

前に紹介した女子学生を対象にした実験で、知能テストの成績が悪かった（と思わされた）学生は無意識のうちに、ユダヤ人らしい名前の人をステレオタイプで判断していましたね。この実験にはもう一つのバージョンがあり、悪い成績を告げた学生たちの一部に、自分がもっとも大事だと思う価値観について短い文章を書かせたのです（自分の価値観とそれがなぜ自分にとって大事かを表現すると、自己肯定感が高まることがこれまでの研究でわかっています）。どういうことが起きたと思いますか？　これらの学生たちは、ステレオタイプで人を見ることをしませんでした。自己肯定感が高まった学生たちは、ユダヤ人ふうの名前を持った候補者も、イタリア人ふうの名前を持った候補者も同様に、個人として公正に扱ったのです。つまり「エゴレンズ」が働かなかったわけです。

相手を肯定して、その人が自分は能力と価値のある人間だと感じられるようにする方法は数知れずあります。もし自分はいつも相手に肯定的なシグナルを送っているから大丈夫だと思っているなら、ちょっとまわりの人に聞いてみる方がいいかもしれません。「自分は大丈夫」という人が実際にはそうでないことが多いのです。第一章にも書きましたが、自分で思っているほどには、こちらの気持ちは相手に伝わっていません。「私が妻をきれいだと思っていることは、彼女はよく知ってますよ！」でも奥さんにそう言ってあげたのはいつのことですか？

相手の言葉や行動を認めたり褒めたりすることによって、相手を肯定する気持ちが伝わるのはもちろんですが、それは質問することによっても伝えられます。人を褒めるのは苦手だという人や、相手がよく知らない人の場合には、質問の方が抵抗がないかもしれません。その人が目指していることや、価値観、何かを達成したときのこと、夢や未来などに関する質問をするのです。自分が悩んでいることに関してアドバイスを頼んだり、意見を尋ねたりしてもいいでしょう。たとえ少しの時間でも、相手の人生にとって意味のある大事なことに気持ちを向けてあげると、相手の自己肯定感が高まって「エゴレンズ」のバイアスが消えます。

注意する必要があるのは、人はまわりから肯定的に見られたいと思っているだけでなく、**自分が自分を見るように**他の人からも見られたいと思っているということです。心理学者はこういう欲求を自己確証（self-verification）と呼びます。これは誰にも共通するとても強い欲求です。人は、自分がまったくそれに値しないと思っているような賛辞（ないし批判）を受けると、不快な気分になります。相手が「自分が持っているはずがない」と思っている特質を褒めたりすると、まったく逆効果になるわけです。それを避けるには、事実に基づいた肯定だけを行なうことです。つまりあなたが直接知っている相手の能力や実績、本物であるとわかっていて心から認めている相手の特質に関して肯定します。

③「あいつら」から「自分たち」へ

「エゴレンズ」というのは、いつも悪いわけではありません。それがあるおかげで非常に良い面もあるのです。たとえば、あなたが何かで成功したときに、相手が「栄光浴」を受けたいと考えてくれるようなときです。では、相手にあなたが同じグループに属する仲間であると思ってもらうにはどうすればいいでしょう。

意外かもしれませんが、それはわりに簡単です。研究の結果、人は、ほんのちょっとしたことによってそういう意識を持つということが、わかっています。たとえば実験で、青い目の人と茶色い目の人をグループ分けすると、強い「イングループ（仲間）意識」が生じます。ところが同じことが、その日にたまたま着ていたシャツの色でグループ分けしても、起きるのです。

ある実験では、参加者たちに二枚の抽象画を見せてどちらが好きかを判断してもらい、その後ランダムに、各参加者にその人が選んだのは「カンディンスキー」だった、あるいは「クレー」だったと告げます。また別の実験では、参加者たちに容器に入ったジェリービーンズの数を推測してもらい、これもまたランダムに、その人が「多めに見積もる人」ないし「少なめに見積もる人」であると告げます。するとその結果、「カンディンスキー・ファン」（と思わされた人）たちは、「クレー・ファン」よりも「カンディンスキー・ファン」に好感を持つようになり、「多めに見積もる人」（と思わされた人）たちは、自分の性格が「少なめに見積もる人」よりも、「多めに見積もる人」たちに近いと感じるようになったのだそうです。[10]

「社会的アイデンティティ」研究の草分けとして著名な研究者ヘンリー・タジフェルは、仲間を好み、他のグループを嫌うという考え方は、コインを投げてグループ分けしただけでも生じるということを発見しました。グループ分けがコイン投げによるものだとわかっていたにもかかわらず、参加者たちの間には、同じグループの人に対する好感と、他グループの人を嫌う感情が生じ、そんなことはありえないのに、他グループの人たちは自分たちとは明らかに異なるという意識が生じたのです。[11]

このように、グループをつくるのにたいした根拠はいらないことを考えると、相手との間に「自分たち」という意識を強めるには、何であれ共通点を探せばいいということになります。その共通点が重要で際立っていればいるほど効果的ですが、同じロック歌手が好きだとか、そんな簡単なことを指摘するだけでも、相手にとっての「あいつら」から「自分たち」の一人に移行できます。

周囲にあなたを自分とは違う他グループに属していると見ているように思われる人がいたら、次にその人に会う前に、ちょっと考えてみましょう。これまでの記憶や経験の中に何かその人と共有できるものはありませんか。ただし、その共通点は事実でなければいけません。無理につくり上げたりすると、あとでよけいにやっかいなことになりかねません。共有するものが見つかったら、それをさり気なく無理のない形で、会話の中に織り込んでみてください。相手との関係がぐんとポジティブになるのが感じられることでしょう。自分をどこまでも最優先しようとする「エゴレンズ」が、あなたの存在が自分にとって「マイナス」ではなく「プラス」だと認識してくれるからです。

この章のポイント

★「エゴレンズ」の目的はただ一つ、自己肯定感を守ったり高めたりすることです。その力強い働きのおかげで、私たちのほとんどは、自分が平均よりも賢く、魅力的で、道徳的に優れていると思っています。したがって、何かがうまくいくと自らの実力だと思い、失敗すると状況や他者や不運のせいだと考えます。あんまり感心しない面もありますが、エゴレンズは大事な働きをしています。

★あなたの成功や能力がどれくらい相手の脅威となるかは、その分野がどれくらい相手と関わりがあるか（その人も同じ分野における成功や能力を望んでいるか）、あなたとその人がどのくらい心理的に近いか（あなたが相手の人生の主要な一部であるか）によって決まります。あなたの成功や能力が、その人にとってさほど重要でもなく、両者の心理的距離も近くなければ、脅威は些細なものなので、あなたはより的確に評価してもらえるでしょう。

★関連性も深く距離も近いという場合は、困ったことになります。相手は自己肯定感を守るために、あなたを軽視するか、距離を置くかせずにはいられないからです。

★これら「エゴレンズ」のプロセスは、個人のレベルだけでなく、属するグループのレベルでも起きます。自分のグループメンバーの成功は「わが成功」となり、他のグループメンバーの成功は「脅威」となります。

★したがって、相手との間に「自分たち」という感覚を生じさせることが大事です。同じグループの人間だと思ってもらえれば、あなたの成功も能力も相手の自己肯定感を高めるものになります。

★相手のエゴを脅かすことを事前に防ぐためには、こちらが謙虚にふるまうこと、相手に肯定的な気持ちを伝えることなども有効なテクニックです。

PART Ⅲ

パーソナリティによって変わるレンズ

第七章　積極的な「報酬追求人間」、慎重な「リスク回避人間」
――２つのタイプに合う話し方とふるまい方

あの英国の実業家サー・リチャード・ブランソンの人生とは、どんな感じなのでしょう。巨万の富を持ち、ネルソン・マンデラと親しく交際することなどを言っているのではなく（もちろんそれもステキですが）、ブランソンみたいに考えるとは、どんな感じなのだろうということです。彼は億万長者で、慈善家でもあり、次々と新しい事業を興してきました。これまでの人生はリスクと冒険に満ちあふれたものだったでしょう（いまこの瞬間にも彼は、どこかでバンジージャンプ並みの冒険に挑戦しているかもしれません）。

これまでの人生、彼の頭の中では常にこんな会話が交わされていたのではないでしょうか。

「レコードのチェーン店を始めたらどうかな」「いいね！　グッド・アイデアだ」

「いっそのこと、音楽会社をやろうか？」「いいんじゃない。最高！」

「さて次は、そうだなあ。航空事業とか？」「鉄道会社はどうだろう」「携帯電話事業もいいね」「炭酸飲料とかウォッカとか……」「代替燃料はどうかな？」「熱気球で地球一周の旅とか」「いや待てよ。そうだ、宇宙ツーリズムは？」「いいねえ。いい！　みんないい！」

前章で紹介した「信用レンズ」「パワーレンズ」「エゴレンズ」は、私たち全員が時にかけることのある、歪みを起こすメガネです。でも実は、こういったレンズ以外にも人の認識を歪めてしまうレンズがあり、各人のパーソナリティによってその種類が異なります。つまり、それぞれが独自のバイアスで他者を認識しているわけです。ここからはそれぞれのパーソナリティがもたらすレンズについて見ていきましょう。

さてみなさんはふだん、次の二つの目標のうち、どちらについて考えている時間が長いですか？

・これから先、もっといい暮らしをするにはどうすればいいか
・いま手にしているものを失わないためにはどうすればいいか

変な質問だなと思ったでしょうね。どちらの目標も明らかに重要だからです。人はみな、「人生をよりよいものにし」「今あるものを守る」という両方の目的のために、日々努力をしているものです。

私たちは、新しいビジネスを始めたり、スキルを伸ばすための講習を受けたり、パートナーを見つけるためにウェブ上のデートサイトを見たり、しわ取り手術を受けたり、休暇の計画を立てたり、宝くじを買ったりしますが、これらはみな、今よりもいい状況を手に入れるための行動です。また一方で、引退後に備えて貯金をしたり、家のローンを払ったり、子どもにワクチン接種を受けさせたり、パソコンにウィルス駆除のソフトをインストールしたり、怪しい形のほくろを診てもらったりします。これらはみな安全と安心を守り、今の暮らしの質を維持するための行動です。

誰でも、今よりいい暮らしを手に入れることと、すでにあるものを守ることの両方を同時に望むのですが、ほとんどの場合、重心がどちらかに多少偏っています。仕事や人生における一番大事な目標は、ある人たちにとっては「向上すること」ですが、他の人

たちにとっては、「安全であること」です。自分の生きる世界をどう見るか、そこから何を期待するかの違いが、まったく異なったレンズを生み出します。心理学者たちが呼ぶところのプロモーション（促進）フォーカス・レンズと、プリベンション（予防）フォーカス・レンズです。

「促進」に焦点が合うメガネをかけた人は、身のまわりにある達成、報酬、成功などの機会に目が留まります。経済の言葉を借りれば、人生にとって大事なことは「利益を最大にし、機会を逃さない」ことだと思っています。リチャード・ブランソンなどは、促進レンズ人間の最たるものと言えるでしょう。

一方で「予防」に焦点の合うメガネをかけた人は、回避すべき危険や、果たすべき責任に目がいきます。経済の言葉でいえば、「損失を最小限に抑え、現状を維持する」[1]ことが、人生において一番大事だと考えるのです。

誤解のないように言いますが、世界をどのように見るかはその人次第です。どちらが正しいとかまちがいとかいう問題ではありませんし、一般的にどちらのメガネが有利かなどという話でもありません。何十年にもわたる研究によって、どちらのレンズで見ている人も、その有能さに変わりはなく、同様に成功し人生に満足していることがわかっています。

ただ、目標に達するための方法がまったく違うのです。用いる戦略も、自身が持つ強みも、好みも異なり、陥りやすい過ちの種類も違います。「促進レンズ」をかけた人は、「称賛」によってモチベーションが湧き、「予防レンズ」をかけた人は「批判」によってモチベーションが湧きます。「予防レンズ」をかけると、うまくいかないときはさっさとあきらめますが、「促進レンズ」をかけると、手を引くべきときがはっきり見えなくなります。

どちらのレンズも、それをかけている人にバイアスをもたらすので、一方のメガネをかけた人を納得させる理論や証拠は、他方のメガネをかけた人を納得させる理論や証拠とは違う種類のものです。したがって、使う言葉のわずかな違いによって、こちらの意図が相手にうまく伝わったり、伝わらなかったりします。同僚や上司、あるいは配偶者や子どもたちとうまくコミュニケーションをとりたいと思うなら、相手がどちらのレンズを通して世の中を見ているかを知る必要があります。

促進レンズ――リスクを冒さなければ何も得られない、と考える人

あなた自身は「促進レンズ」を通して見ることがほとんどなくても、「促進レンズ」の人に会えばすぐにわかると思います。「促進」に焦点が合っている人は、リスクを取り、ルールを無視する冒険者です。大学時代の友人で、無謀としか思えないような起業のアイデアを実行して大金持ちになってしまった人、あるいは無茶なアイデアで起業して大失敗し、いまは実家の地下室に居候しているというような人がいませんか。

即興劇のルールとしてよく知られているのは「イエス・アンド（受け入れて付け加える）……」というものですが、「促進」に焦点が合っている人たちは、何かの機会が訪れたとき、それと同様に「いいね！　じゃ、こうしよう」と応じます。彼らの目には、潜在的利益と報酬と向上が至る所に見えるのです。（実際は、大失敗に至る道もたくさんあるのですが、促進レンズはその部分に焦点が合わないので、ぼやけてよく見えません）

促進レンズのメガネをかけている人はもともと、心がオープンで、警戒心が薄く、積極的に多くの可能性を探ります。そしてまたアイデアが次々に湧き出してきます。自由奔放に探索することを好み、思考は非常に抽象的です。また生み出す解決策は、より創

造的でイノベーティブです。さらに、関連のあるテーマに気づくこと、情報を統合すること、チャンスに気づくことも得意です。

促進フォーカスの人が本当にやる気を起こすと、気持ちが昂り、じっとしていることができません。すぐに行動を起こし、自分のアイデアが実を結ぶのを見たがります。さらに、それを速やかに片づけて次の機会に備えたいと考えます。たいていは非常に楽観的ですが、それは楽観的である必要があるからです。見通しが明るければ、前進したいというモチベーションは最大になります。障害物はより小さく見え、困難は過小評価され、過去の失敗などはたちまち忘れ去られます。

そうなると、モチベーションを生み出すその大きな自信のおかげで、時にはつけを払わされることにもなるのではと、想像がつきますね。しかし促進フォーカスの人は、物事がうまくいかなかったときどうしようかと考えたり、「プランB」をつくっておかなくてはと考えたりしません。障害に対してもまったく無防備です。また、これまでに手にしたものを確保するとか、すでに築いたものを守るということには、関心がありません。

促進レンズの人は、いろいろな方面に同時に「イエス」と言ってしまうため、能力を超えたところまで入り込んでいくことがあります。リチャード・ブランソンのような成功者でさえ、華々しい大失敗をいくつかやっています（「ヴァージン・ウォッカ」なんて飲んだことあります？　ありませんよね）。

促進レンズの上司を持っている人、あるいは持った経験のある人は、こういう上司の下で働くことが、幸運にも災難にもなりうるということを、よくご存じだと思います。促進レンズの人の情熱は周囲に伝わりますし、ポジティブでオープンな考え方によって、新しいアイデアや新鮮なアプローチが歓迎される環境がつくられます。またこういうリーダーはマイクロマネジメントをしないので、自立心の強い部下は十分に力を発揮できます。しかし一方で、部下に必要なガイダンスやフィードバックを十分与えないので、ミスがそのままになったり、重要な細部が見落とされたりしがちです。また、リーダーが潜在的可能性のある機会を目にするたびに「イエス！」と飛びついてしまうので、部下たちは山のような仕事量に押しつぶされかねません。

そうなると、もっと堅実なリーダーの下で働く方がいいかもしれませんが……さて、どうでしょう。

予防レンズ——何ごとも念には念を入れて、と考える人

「予防レンズ」のメガネをかけて世の中を見ると、高速道路にできた穴ぼこのような、避けなければならない危険が至る所に見えます。そこで予防レンズの人たちは、促進レンズの人たちとはまったく違う種類のスキルや志向を身につけることになります。彼らはすべてに行き届き、慎重で、信頼がおけます。毎月の収支はきちんと合っているし、洗濯をさぼったためにきれいな下着がなくなるようなこともないし、過去一〇年間の重要な書類はすべてきちんと整理されているので、頼めば三分以内に探し出してくれるでしょう。

予防レンズを通してみると、抽象的あるいは創造的なことがらが、いい加減でまだるっこしいものに映ります。予防に焦点を合わせると、思考が具体的かつ明確で詳細なものになるからです。彼らは、過去に起きたことをよく記憶しているだけでなく、これから何をしなければならないかもきっちり把握しています。したがって仕事をするときは、非常に時間をかけます。予防レンズの人に仕事を頼んだら、すぐに終わることを期待しない方がいいでしょう。彼らはミスをとてもいやがり、過ちを完全に避ける唯一の方法はゆっくりやることだと心得ています。（法務部のようなところにいる人たちは、多くがこういうタイプです。それももっともですね）

まちがいを防ぐことにこだわるリーダーは、当然ながら、部下がミスをおかすのではないかと心配になります。予防レンズのリーダーは、部下をしっかり管理し、マイクロマネジメントになりがちです。また重要な仕事を人に任せることがなかなかできません。しかし一方で、必要なガイダンスやフィードバックを部下に積極的に与え、限られた時間とリソースの中で可能な仕事量を現実的に考えてくれる上司でもあります。

予防レンズの人々があまりイノベーティブでないというのは確かです。しかし彼らは分析的思考や論理の面で、明らかに優れています。研究の結果によれば、促進レンズを通して物事を見る方が、創造性を発揮するには有利ですが、「質の高い実行可能な創造的アイデア」と、「クリエイティブであっても実際の役には立たないアイデア」をきっちり見分けられるのは、予防レンズの人たちです。

予防レンズの人たちはまた、慎重でもあります。機会が出現しても「ノー」ということが少なくありません。心理学者はこういう傾向を保守的バイアス（conservative bias）と呼びます。それまでしていたことをやめて新しい行動を始めることや、現状を変えることをいやがるのです。知らない困難よりは、慣れた困難の方を好みます。しかし、保守的な性質のために、期限を守れないことを怖れるので、リスク好きの促進レンズの人たちに比べ、ものごとを先延ばしすることはあまりありません。

予防レンズの人たちは困難に出合うことを予測していますから、その対処法を考えることに多くの時間を費やします。「プランB」を用意するなどは当たり前、プランCやDもつくりますし、時にはプランEまでつくったりします。たまたまうまくいくなどということはありえないと思っているので、常に最悪の事態を想定します。したがってこういう人は、パーティの人気者にはならないかもしれませんが、何かがうまくいかないときには、チームにとってかけがえのない人になります。

促進レンズの有名人を挙げろと言われたら、いくらでも挙げられそうですが、予防レンズの有名人を挙げろと言われてもなかなか思いつきません。どんな成功ストーリーにおいても、予防レンズを通してものごとを見る人たちというのは、影のヒーローなのです。災害が起きたときに現地に駆けつけて活躍する人ではなく、「そもそも災害が起きないようにするにはどうすればいいか」を考える人です。飛行機のエンジンが飛行中に故障しないのも、薬が病気を治す代わりに余計に悪くさせたりしないのも、町がハリケーンや竜巻や豚インフルエンザに襲われたときにちゃんと対策が準備されているのも、みな予防レンズをかけた人たちが仕事をしてくれているおかげです。ものごとが問題なく動いているとき、その仕事をした人が有名になることはありません。でも予防レンズの人たちは、本当はもっとずっと感謝されてしかるべきだと思います。

予防レンズを通してみると、積極的に何かをすることよりも、警戒することに、より強いモチベーションが見出せます。警戒へのモチベーションは、ネガティブなフィードバックや自信喪失によっていっそう高まるという特徴があります。この点について少し考えてみましょう。みなさんにとっては少々意外かもしれません。

予防レンズの人は、「失敗するかもしれない」と考えたとたん、一気にモチベーションが上がります。失敗の兆しが現れると、予防のエネルギーがあふれ出すのです。促進タイプの人たちは、過剰な自信や手放しの称賛などがいくらあっても大丈夫ですが、予防タイプの人たちは、そういうものが与えられると、警戒心が抑えられ、結果的にモチベーションが下がってしまいます。

誤解しないでいただきたいのですが、予防レンズのメガネをかけると、失敗すると思い込むということではありません。本当の「悲観主義」は、誰にとっても決していいものではありません。予防レンズというのはそれとは違い、「全力を尽くして努力しないと、失敗するかもしれない」と思わせるのです。失敗の可能性があるとわかれば、警戒する必要があります。心理学者はこういう特質を防衛的悲観主義（defensive pessimism）と呼び、これは学校でも仕事においても、楽観主義と同様に、成功に結びつく重要な要素です。防衛的悲観主義がうまく働くかどうかは、その人がどちらのレンズを通してものごとを見るかによって変わってきます。[2]

みなさんのまわりに、何度も成功しているのに、いつも自分に自信のない同僚がいませんか。一人だけ褒められたりすると、見るからに居心地悪そうにする人がいませんか。「元気出して！」とつい声をかけたくなる人がいませんか。そういう同僚はたぶん、そのままでいいのです。彼らは自分がしていることがよくわかっているからです。（もしあなた自身がそういう人だったら、「もっとポジティブに！」という励ましの声は無視しましょう。相手はもちろん、よかれと思って励ましてくれているのですが、その人たちは単にあなたと違う種類のメガネをかけているに過ぎないのです）

3つの手がかりで、どちらのタイプかがわかる

自分や相手がどちらのレンズをかけているかを知るには、これまでにお話ししたような「スピードvs正確さ」や「リスクを取るvsリスクを回避する」などの特徴のほかにも、見極める手がかりがあります。それらについて見ていきましょう。

手がかり1「年齢」

調査の結果によれば、若い人たちの間では促進レンズが一般的です。若い人たちは将来のことをおもに考え、夢に生きているからです。[3] 十代や二十代の人たちは、責任も軽く、その気になれば何でもできるとまわりからも言われます。心身ともに元気いっぱいですから、促進レンズが強く働くのは当然です。

年齢が上がるにつれ、人生には限りがあるということが見えてきます。だいいちその前に、生活のための出費があり、失うことのできない仕事があり、維持しなければならない家があり、育てなければならない子どもたちがいます。年を重ねれば重ねるほど、すでに手にしているもの――自分にとって何より大事なもの、手に入れるために大変な苦労をしたものを失いたくないと思うようになります。また苦労や喪失を何度も経験したため、それらを回避したいという気持ちが強まります。したがって、だんだんと予防レンズを通してものごとを見るようになるのです。

手がかり2「感情の表し方」

同僚の一人で、まあまあよく知っている人を思い浮かべてみてください。その人がいいニュースを聞いてうれしそうだったときのことを思い出しましょう。たとえばプロジェクトが予算オーバーもなく期限内に無事完成したとき、あるいは顧客が仕事を非常に評価してくれたとき、その人の「うれしい顔」はどんなものだったでしょう。エネルギーに満ちて、喜びにあふれた表情でしたか？　満面の笑顔で自分を祝福していましたか？「いやー、お客さんもきっと喜んでくれると思ったんだ。ボクは気に入られているからね。次のプロジェクトも絶対にあっと言わせてみせるよ！」それとも、穏やかで静かな「うれしい顔」でしたか？　リラックスして、ちょっと笑みを見せて、フーッと息を吐いていましたか？　喜びというよりも安心したという感じに見えましたか？「よかった――。うまくいかない可能性もあったからね」

このように、促進レンズの人と予防レンズの人の違いは、成功や失敗の際に彼らが示す「感情の表し方」を見るとよくわかります。促進レンズを通すと、人生は向上と利益のチャンスに満ちているように見えるので、成功したときには舞い上がるような高揚感を覚え、ひどく興奮します。前に進めなかったり儲け損なったりして、ものごとが計画どおりに運ばないときは、悲しみに打ちひしがれ、ひどいときはうつ状態になってしまいます。

一方、予防レンズの人の生き方は、危険や損失を避けることが中心ですから、成功の瞬間というのは、リラックスできて心が穏やかになるときなのです。「危険が回避できた! やれやれ」というわけです。一方で、危険がまだ潜んでいる場合には緊張と不安を感じ、脅威が特に切迫している場合などは、強い恐怖を感じます。[4]

手がかり3「仕事における役割」

促進レンズないし予防レンズを通してみると、ある種の仕事、あるいは組織の中の特定の役割が、まさに自分に合っているように思えるものです。レンズが焦点を当てているモチベーションにふさわしい役割につけば、強みを生かすことができ、弱点の影響を最小限にできます。

組織心理学の調査によれば、クリエイティブな芸術関係の仕事（音楽家、コピーライター、コンサルタントなど）には促進レンズの人が多いそうですが、それももっともだと思います。こういう仕事では、イノベーション、リスクを取ること、従来の常識にとらわれない「アウト・オブ・ボックス的思考」が評価されます。一方、予防レンズの人たちは、従来からある現実的な職業（会計士、エンジニア、契約弁護士など）に就いていることが多いようです。これらは勤勉さ、完璧さ、正確さなどが高く評価される仕事です。[5]

チームをつくって仕事をするときには、その人がおもにつけているのがどんなレンズ

図7-1

相手は「促進レンズ」と「予防レンズ」のどちらを通して見ているか

	促進レンズ	予防レンズ
思考スタイル	抽象的	具体的
	心がオープン	徹底して考える
	全体的視野	細部にこだわる
仕事スタイル	スピーディ	ゆっくり
	エラーをしやすい	正確
ものの見方	楽観的	防衛的悲観主義
	リスクが苦にならない	リスク回避
強み	創造性	分析と評価
	イノベーション	準備万全
	機会を見出す	信頼がおける
感情の表し方	快活――うつ	冷静――不安
職業	芸術家	管理者
	コンサルタント	会計士
	発明家	エンジニア

かによって、チーム内で担う役割が決まります。たとえば、ドイツのセミプロサッカー選手を調べてみると、ストライカー（攻撃）には促進レンズの選手が多く、ディフェンダー（守備）やゴールキーパーには予防レンズの選手が多いそうです。[6]

図7-1は、促

進レンズの人および予防レンズの人の、典型的な思考スタイル、ものの見方、その他の主要な特徴を要約したものです。

相手のタイプに沿った有効な話し方

私の親しい友人に、トム(としておきます)という男性がいます。彼は、会社のソーシャルメディア事業を一段前進させイメージ向上につながる製品を、上司に提案しました。それは業界初のもので、ある程度のリスクを伴いますが、大きな利益を生む可能性を持っています。

彼の提言を聞いたあと、上司はこう尋ねたそうです。「うちのライバル各社で、それをやっているところはあるのか」

「いえ、ありません!」とトムは答えました。そこが最大のセールスポイントで、競争上の優位性だというつもりでした。

「そうか。それじゃ、うちが最初に危険を冒すのはまずいだろうね」

「はあ?」

トムはがっかりしましたが、それほど驚きはしませんでした。世の中には、イノベーションを推し進めようとする促進レンズのマネジャー一人に対し、それを阻む予防レンズのマネジャーはその一〇倍くらいいるように思えます。私はこれまでにいろいろな組織で、モチベーションや個人や組織の成長について講演をしてきましたが、至る所で次のような不満を耳にしました。

「うちの上司は、リスクを取ることを絶対にやりたがりません」
「素晴らしい機会を目の前にして、わが社はそれを見逃そうとしています」
「うちはただトレンドを追っかけているだけで、自らつくり出そうとしないんです」

世の中に変化を起こすような最高のアイデアだとわかっていながら、上司の「予防バイアス」の壁をつき抜けられないというのは、なんともいらだたしいものです。用心深い保守的なアプローチには、良い面もないわけではありませんが、組織は遅かれ早かれ何らかのリスクを引き受ける必要があり、それなしに発展することはできません。

では、責任の重圧を感じてリスクが取れなくなっている用心深い上司に、リスクは伴うけれども素晴らしいアイデアを受け入れさせるにはどうしたらいいでしょう。カギは、相手の予防レンズと対決することなく、むしろそれを利用することにあります。

要は言葉の使い方なのです。あなたは、その素晴らしいアイデアを「利益につながる機会」と考えていると思いますが、それは常に「損失を回避する機会」と言い換えることができます。リスクを心配する人を説得するには、あなたが主張する案が、「会社を危険や災いから守る」のだと強調する必要があります。またその行動をとることで、「会社はとんでもないミスをおかさずに済む」と説明するのです。

たとえばあなたは、新しいソーシャルメディア事業を立ち上げることが、「競争から一歩抜きん出るチャンス」と考えているとします。しかし相手が予防レンズの上司なら、それは「競争で後れをとらないための方法」と説得する方が簡単です。「他社もみなこの方向に動きつつあります。この流れは避けられません。将来に向けて準備をしておかないと、シェアを失いかねません」という感じで話します。

つまり、自分が説得しようとしている相手がどんなタイプかをまず見極めて、それに合ったコミュニケーションを行なうことが大事なのです。決断を下す立場の人が、促進レンズを通して見ているか、予防レンズを通して見ているかを判断し、それに合わせて話し方を変えます。どんなに臆病でリスクを心配する人でも、より大きなリスクを避けるためだと理解したときには、進んでリスクを取るものだということを、覚えておきましょう。

促進レンズの人たちは、何かが得られたり儲かったりする可能性があるという話、つまり「行動Xに賛成すれば良いことが起きる」という話には、たいてい乗ってきます（このXとは、プロジェクトを認可するとか、対立している案件で妥協をするとか、変化を受け入れるとか、同僚をもっと支援するといったことです）。予防レンズの人たちは、こうすれば損失やミスを避けられるという話、つまり「行動Xを起こさなければ何か悪いことが起きる」という話に説得されやすいと言えます。促進レンズの人たちに必要なのは「イエス」と言うための理由であり、予防レンズの人たちに必要なのは「ノー」と言わないための理由だからです。

こういう言い方の違いは、人々のモチベーションや仕事ぶりにも大きく影響します。たとえば、私のお気に入りの研究にこういうものがあります。ドイツのサッカーの、リージョナルリーグの選手たちに、ペナルティキックの練習をすると告げます（ちなみに、ドイツのリージョナルリーグでプレイする選手たちというのはきわめてハイレベルです）。

ペナルティキックをする前に、コーチが各選手に個別に次のどちらかの指示を与えます。

「ペナルティキックを五回蹴ってもらう。君が目指すのは最低三回の成功だ」

「ペナルティキックを五回蹴ってもらう。君の責任は二回以上ミスしないことだ」

どちらの目標も、五回のうち三回以上成功させることですから、結果的には同じです。ペナルティキックの技量も高く、モチベーションも十分に高いこれほどの選手たちにとって、少々の言い方の違いなど関係ないのでは、とみなさんは思うでしょう。しかし、モチベーションの面で大きな違いが生じたのです。それは試合の結果を左右しかねないような違いでした。促進レンズの選手たちは、「五回のうち三回成功させるように」と言われたときの方が、はるかによい結果を出しました。予防レンズの選手たちの場合には、さらに大きな違いが現れました。彼らは「二回以上ミスをしないように」と言われたときの方が、成功率が二倍に上がったのです。[7]

促進レンズの人たちは、ポジティブな言葉によく反応するだけでなく、より抽象的な思考を好み、感情や直感に沿って決断を行ないます。そして心を奮い立たせてくれるようなロールモデル、つまり正しいことをして偉大な成功を享受している人たちから、強い影響を受けます。

予防レンズの人たちは、感情や直感といったものにあまり重きを置きません。彼らは「スタートレック」のミスター・スポックのようなタイプで、人の計画に乗る前に、まずその詳細を求め、理由を知りたがり、証拠を要求します。こういう予防レンズの人たちに影響を与えるには、心を鼓舞するようなロールモデルを示しても役に立ちません。不安をもたらすような、警告を含む話をした方がいいでしょう。たとえばいろいろなミスをおかして、その結果ひどい目に遭った人の話などです。

みなさんはいま、促進レンズの人たちと予防レンズの人たちは、はたして互いにうまくやっていけるのだろうかと、思っているのではありませんか？　両者が対立する機会などいくらでもありそうですからね。でも幸いなことに、研究の結果は次のようなことを明らかにしています。いわゆる最高のコンビ、つまりもっとも適応性が高く互いの満足度が高いコンビというのは、似ていない者同士だそうです。[8]たとえば、恋人同士でも夫婦でも、違うレンズを通して見ているカップルの方が、促進レンズ同士のカップルや、予防レンズ同士のカップルよりも、満足度が高いのです。研究者たちによれば、混合ペアはさまざまな行動を「分割統治」できるという明らかな利点があり、それが強みなのだそうです。

どんなカップルにもチームにも、発展と安全維持の両方の目標があるものです。メンバーは互いに助け合いながら、新しいことを考え出す一方で、きちんと責任を果たすこともしなければなりません。混合ペアは、各自が自分に向いている仕事を引き受け、それ以外のことは相手がやってくれるだろうと安心していられます。混合チームには、促進志向の人と予防志向の人が含まれているので、楽観主義と現実主義のバランスもとれます。

チームにおける両方のレンズの強みを生かすには、どちらのアプローチがよいかを張り合って、動きがとれなくなるようなことは避けなければなりません。どちらのアプローチも必要なのです。それぞれの考え方の優れた点を、優劣をつけることなく尊重します。そして、相手のモチベーションを高めるための言葉は、その人がもっともよく反応するものを戦略的に使用します。

同僚に対して（あるいは家族や友人に対して）何かを頼んだり、提案したりするときには、相手のものの見方に合った適切な言葉を使うようにします。それによってどれほどコミュニケーションがうまくいき、効果的に影響を及ぼせるかは驚くほどです。

相手の「促進レンズ」や「予防レンズ」に合わせたアプローチをしただけで、あなたのアイデアはより説得力を増し、評価も信頼性も一段と高まります。このことは、研究の結果が明らかに示しています。[9] 逆に、相手に合わない話のもっていき方をすると、なんでそうなるのか自分にも相手にもわからないままに、せっかくの素晴らしいアイデアもプランもつぶれてしまうのです。

この章のポイント

★「促進レンズ」を通してものごとを見る人たちは、今よりよい状態を目指そうとします。リスクを引き受け、テキパキと働き、チャンスがあればそれをつかみ、より創造的でイノベーティブなアイデアを生み出します。一方、ミスが多く、問題の存在を見落としやすく、楽観的すぎるきらいがあります。

★「予防レンズ」を通してものごとを見る人たちは、すでに手にしているものを大事にし、万事がスムーズに運ぶように努力します。警戒心が強く、慎重で、分析的です。プラン作成が得意で、常に事前に準備ができています。一方でリスクを避けたがるきらいがあり、融通が利かず、現状に固執しすぎます。

★「促進レンズ」と「予防レンズ」のメガネは誰でも持っていて、どちらを使うかは状況によります。しかしたいていはどちらかが優勢で、多くの場合、一方のレンズを通してものごとを見ています。

★自分の考えや意図を正しく伝えたい相手と話すときには、その人に適切なモチベーションを起こさせる言葉を使うようにします。「促進レンズ」の相手なら、アイデアを「潜在的利益」や「勝利」といった枠組みの中で語り、それが「今よりもいい状態」をもたらす方法であると説明します。楽観的に語り、相手の感情に訴えます。

一方、「予防レンズ」の相手であれば、アイデアを「損失回避」や「ミスを防ぐ」という枠組みの中で語り、それが「安全と安定を保つ」方法であると説明します。現実的に話し、確固とした事実を示します。

第八章　依存心と不安感の強い人、回避的でよそよそしい人
——こちらが疲れないための心がけ

私の知り合いに、ある姉妹がいます。二人とも高い学歴を持ち、ビジネスウーマンとして、立派なキャリアを築いてきました。でも、彼女たちをよく知っている私から見ると、二人がもう少し対人スキルに長けていたなら、さらに成功しただろうと思うのです。

対人スキルの面で、二人はそれぞれまったく異なる問題を抱えています。サラ（仮名）は愛情に飢えていて、過剰に親切で、人から拒絶されることを恐れています。エミリー（仮名）の方はよそよそしい感じで、人と交わることが苦手です。こういった問題はほとんどが子ども時代に由来し、その原因は（非常によくあるケースですが）親から十分な愛情を得られなかったことに尽きます。

これはなにも、サラとエミリーが十分に食べ物や衣服を与えられなかったということではありません。叩かれたり罵られたり、ひんぱんに罰を与えられたりしたということでもありません。彼女たちの両親は、世間の多くの親たちと同様、自分の生活のことで

頭がいっぱいだったに過ぎないのです。彼らは若くして結婚し、子どもを持ちました。その頃は、親たち自身がまだ子ども
だったと言ってもよく、ふつうの若い人たちがするような、気ままな暮らしを楽しみたい年頃でした。パーティに行ったり、友達と遊び歩いたり、旅行に行ったり、いろいろなことに挑戦してみたかったのです。それにまた仕事の面でも夢があり、キャリアを築きたいと願っていました。そんな両親にとって、二人の幼い女の子たちは邪魔な存在だったかもしれません。少なくとも、いま振り返ってみて、サラとエミリーはそう思っています。

現在、成人アメリカ人のおよそ半数が、柔軟で健全な対人関係を築くことがうまくできずに悩んでいます。人間関係がどうあるべきかというメンタル面でのモデルが、子ども時代に満たされなかった親との関係をいまだに基にしているからです。人が信頼できるか、頼れるかを学ぶのは子ども時代であり、私たちは大人になっても、そのとき学んだことを、家庭においても職場においても引きずっています。

子ども時代につくられる対人関係の3つのスタイル

心理学者のジョン・ボウルビィは、子どもの発達研究の分野で重要な貢献をした学者です。彼は子どもと親（およびその他の養育者、以下「親」と略す）のつながり（愛

着）に三つのタイプがあることを指摘しました。[1]

まず、親が子どものニーズによく応じている場合は、子どもは**安定型の愛着**を持ちます。いつでも慰めと援助と理解がもらえるとわかって安心しているからです。こういう子どもたちは、悲しいときや怖いときには親に助けを求めますが、そうでないときには平気で世の中を探索しに出かけます。遊び場で他の子どもたちと楽しそうに遊び、走り回って転んでひざをすりむいたりします。すると泣きながら、ママやパパのところに走ってきます。そして、キスしてもらったり、抱きしめてもらったり、絆創膏を貼ってもらったりして、すっかり機嫌を直し、また仲間のところに駆け戻っていくのです。

子どものニーズにきちんと応じるというのは、子どもの気ままを許すことでもないし、すべての要求を満たすことでもありません。気づかいと愛情を示し、子どもが「自分は安全で大事にされている」と思えるようにすることです。そして何よりも大切なのは、その状態がいつも変わらないことです。

一方で子どもが、親の愛情を感じられないわけではないけれど、それがあてにならないと感じているとき、つまりそばにいてくれることもあるけれど、いてくれないことが多いとか、いい子だったときだけは愛してもらえるなどと感じている場合には、子どもは**不安型の愛着**を持つことが多いようです。こういう愛着を持つ子どもは、米国の子ども全体のおよそ三〇パーセントといわれ、依存心が強く、人にまとわりつく傾向があります。何かあっても親に助けてもらえないので心配でたまりません。そこで親の注意を引くような行動に出ます。かまってもらえないとすぐに機嫌を悪くします。遊び場に行きたいと午前中いっぱい泣きわめいていたのに、いざ連れていくと他の子どもと遊ぼうとせず、かんしゃくを起こし、親のそばから離れようとしません。

友人のサラはそういう子どもでした。妹のエミリーによれば、両親が家にいる間はずっとまとわりついて離れず、最後にはイライラした親たちに追い払われることがよくあったと言います。また、かんしゃくを起こして、せっかくの家族の集まりを台無しにしたこともよくあったそうです。それもみな両親の注目を自分に集めたいだけなのです。サラは両親の家から遠くに離れたがらず、今も歩いていける距離に住み、毎日のように顔を出すと言います。そして訪ねていっては、自分の人生を台無しにしたと両親を非難します。もっと自分を大事にしてくれたら今とは違った人生になっていたと言うのです。そしてそういうことをしたあとには、親たちに高価な贈り物をしたり、旅行をプレゼントしたりします。求めてやまない親の愛情の確証を得るためなら、どんなことでもするのです。

また、親が常に子どものニーズに応えず、親が自分に愛情や関心を向ける気がないことを子どもが悟ると、子どもは回避型の愛着を持つようになります。こういう子どもたちは、米国の子ども全体のおよそ二〇パーセントにあたるといわれます。彼らは親との関わりをほとんど持とうとせず、求める愛情や注目を得られなくても特に気にしません。そういうものだとあきらめているからです。こういう子どもたちは、公園に行きたいと泣くこともしないし、ねだることもめったにしません。おそらく連れていってもらえないと思っているので、一人で遊ぶ方がいいのです。エミリーはそういう子どもでした。姉のサラによれば、エミリーは五歳にもなるとすでに気持ちのうえで、家に見切りをつけてしまったような感じで、それ以来もとに戻ることはありませんでした。自分の世界にこもり、自分の考えや思いを人に言わず、かまってもらえないことに不満を持つこともありませんでした。大学を選ぶ際には、家から一六〇〇キロ以内の学校は一つも受けず、その範囲に住むこともそれ以来ありませんでした。

「不安型の愛着」も「回避型の愛着」も、親のネグレクトの産物ですが、前にも書いたとおり、児童福祉事務所が子どもを保護しなければならないようなレベルのネグレクトではないのです。外から見れば、こういう子どもたちはまったくふつうに暮らしているように見えます。食事も衣服もおもちゃも与えられ、ちゃんとした家もあります。足りないのは親からの関心と心のサポートなのです。親たちはたぶんほかのことで頭がいっぱいか、自分自身が同じような境遇で育ったために、子どもにどうしてあげたらいいのかわからないのだと思います。

理由が何であれ、幼い時期の親の対応のしかたやネグレクトは、子どもの、人間関係に対する視点を形づくります。自分はどう行動するべきなのか、他の人たちは信用できるのかといった考え方の基本がつくられるのです。「愛着」の研究は、何十年にもわたって広く行なわれていますが、子ども時代に一定の視点が形成されてしまうと、それはなかなか変わりにくく、大人になってからも、恋人、友人、同僚などとの関係を、このモデルがつくり出したレンズを通して見るようになります。[2]

心理学者たちは、成人の対象者がどんな「愛着の型」を持っているかを特定するのに、それぞれの型（安定、不安、回避）の説明を読ませて、自分の状況を一番よく表しているものを選んでもらうという方法をよく使います。

安定型レンズ

「安定型の愛着」を持つ大人は、自分自身をこんなふうに説明します。「私は人のそばにいることが比較的平気です。相手に依存することも相手から依存されることも苦になりません。見捨てられることを心配したり、誰かが自分に近づきすぎることを心配したりすることも、あまりありません」[3]

成人のおよそ五〇パーセントは、この説明が自分に合うと答えます。[4] このレンズについては、あまり詳しく説明しなくていいでしょう。あなたを理解しようとする相手がこのレンズを通して見ているのであれば、特に問題は起きないからです。安定型レンズを通して見ている人はつき合いやすく、信頼性の面でも問題はありません。心配する必要があるのは、あとの二つのレンズの場合です。

不安型レンズ――愛情を失うことをいつも恐れている人

「不安型の愛着」を持つ成人が自分のことを説明すると、こんなふうになります。「ほかの人たちは、私が望むほど近しくなろうとしてくれません。パートナーが本当に私のことを愛していないのでは、一緒にいたくないのではと思ってしまうことがよくあります。私は相手と完全に一体になりたいんです。でも私のこういう態度は相手を怖がらせ、かえって遠ざけてしまいます」

みなさんの知っている人で、こういう感じの人がいますか？　あるいはこういう人とつき合ったことがありますか？　たぶんあるんじゃないでしょうか。

不安型の愛着を持つ人は、以前に人から捨てられた辛い経験を持っています。ですからまたそういうことが起きうるのだとよく知っています。そこで常に相手にいっそうの親密さを求めるのです。同時に、相手が自分と同じだけの気持ちを持っていないのではないかと、年中不安でなりません。自分の価値に自信がなく、愛される資格があるのだろうかと不安なので、愛情の証を求めます。自己肯定感が低いということではなく、より正確に言えば、相手から愛情の証が得られるかどうかで、自己肯定感が大きく上下するのです。

こうして緊張や恐怖心を感じると、相手にまとわりついたり、嫉妬したり、感情的になったり、ひどく愛情に飢えた状態になります（皮肉なことに、こういう態度をとると、相手はかえって離れていってしまいます）。不安型の愛着を持つ人は、たいていやさしくて親切です。しかしそのやさしさには、少々危うい感じがあります。衝動的だったり、支配的だったりして、相手を辟易させてしまうことがあるのです。相手のためというよりも、自分本位の感じがしますが、それはまさにそのとおりだからです。自分自身の心配や恐怖で頭がいっぱいなので、本当に相手のためになることをするという視点でものが見られないのです。

不安型の人のもっともやっかいな一面は、他者の言動を、実際にはたいしたことではないのに、自分に対する失礼なふるまいや冷淡な扱いであると感じとって、大げさに反応することです。このことを、コロンビア大学の心理学者ジェラルディン・ダウニーは**拒否に対する感受性**（rejection sensitivity）と表現しました。この現象は三つの部分からなっています。

（1）拒否されることを予期する
（2）不明瞭な状況でも、いち早く拒否を感じとる
（3）（事実でも単なる想像でも）拒否に対して過剰に反応する[6]

こういう不安型の人のレンズには歪みがあり、メールに返信が来ないとか、待ち合わせに相手が遅れてきたとか、期待した褒め言葉がもらえなかったなどのほんの些細なことを、「意図的な拒絶」と受け取り、自分に対する相手の「本心」なのだと解釈するのです。

サラのように「拒否に対する感受性」が特に強い人たちは、相手の好意を得ようとして、相手に過度に尽くしたり、取り入ったりする傾向があります。初めてサラに会った人は、彼女を温かくユーモアがあり、総じて魅力的な人だと感じます。しかしやがてその要求の強さ、感情の激しさ、傷ついたり憎んだりする傾向が顕著に表れてくると、最終的に人間関係は壊れてしまいます。

サラは一、二年ごとに転職していますが、その原因は決まって上司や同僚との個人的な不和です。「彼が私を陥れた」「彼女がわざとことごとくじゃまをする」「みんなが私を仲間外れにした」などと彼女は言います。これまでに結婚の約束をした相手も三人いましたが、いずれも相手の方から破棄してきました。彼女の嫉妬の激しさや、息の詰まりそうな強い愛情に、この女性と人生を共にする自信がないと男性たちが思ってしまうからです。

なんとも皮肉なことに、強い「拒否に対する感受性」は、そもそも拒絶されることを防ぎたいという思いから生じるのです。「不安型レンズ」のメガネをかけている人は、あらゆるところに自分がもっとも恐れている拒絶の気配が見えるので、なんとかそれを防がなくてはと必死になります。しかしそのために起こす行動は、相手にとっては決して気分のいいものではなく、戦略は逆効果をもたらし、避けようとした拒絶を結局は招いてしまうことになります。[7]

回避型レンズ——親密さと相互依存におびえる人

典型的な「回避型の愛着」を持つ大人は、こんなふうに説明します。「人と近しくなることが苦手なんです。人を完全に信用しきれないし、人を頼る気にはなれません。誰かが近寄ってくると緊張します。恋人ができても、相手が望む親密さは私の許容範囲を超えているんです」[8]

このような愛着スタイルを持つ人たちは、私の友人エミリーのように、幼少期の経験によって、他人が自分のニーズを受け入れてくれることは基本的にないと学習してしまったのです。したがって、人には頼らず自分一人で生きていくと心に決めています。自立した生き方に誇りを持っているので、他者に依存する情けない人たちに比べて、自分は高尚な人間だと考える傾向があります。

回避型レンズを通して世の中を見ている人たちは、近しい人との間にも一定の心理的距離を置くことを好みます。自分に関することもそう簡単には他人に打ち明けません。

親密になると自分が無防備になるようで不安なのです。私の知っているある男性は、一五年間も一人の女性とだけずっとつき合ってきたのに、ただの一度も彼女に愛しているとは言わなかったそうです。それは越えてはいけない一線だと思っていたようです。愛しているなどと口にしたら、親密さと相互依存の泥沼にはまり込んでしまうからというのです。こんな人とつき合う女性は災難としか言いようがありません。

ですから、回避型レンズの人の精神的な支えになろうと思ったときは、よく考えた方がいいでしょう。たいていの場合、相手はあなたのサポートを望んでいませんし、あなたにも自分に何も期待しないでほしいと思っているからです。

彼らが人と近しくなることを嫌がる理由の一つは、これまで他の人から何かをしてもらった経験があまりないので、人にどうしてあげていいかわからないからです。だいいち、お互いに支え合うということが、彼らには意味をなさないのです。そんなものをあてにできると思えないからです。彼らが何か親切な態度を示したとしても、本当にそうしたくてしているのではなく義務感からなので、結局はかえって関係を冷え込ませてしまいます。

図8-1は、不安型レンズの人と、回避型レンズの人のおもな違いを表したものです。

図8-1

相手は、不安型レンズや回避型レンズを通してあなたを見ていませんか?

	不安型レンズ	回避型レンズ
感情の表れ	不安そう 愛情に飢えている 怒りっぽい	冷ややか 無関心 めったに怒らない
求めるもの	愛情と忠誠を常に確認したがり、その証拠を求める	人と距離を置く 人に依存したくないし、依存されたくない
関係の終わり方	拒否に対する過剰な感受性によって自ら破壊	自分を開放できずに自ら破壊
一番嫌うこと	約束を破られること 曖昧な態度 孤独	義務 親密さを強要されること 無防備

人間関係をうまくつくれない同僚がいたら、その相手にどう対処したらいいかを考える参考にしてください。

相手のスタイルに応じて言葉やふるまいを選ぶ

成人における「不安型の愛着」や「回避型の愛着」についての心理学的解明は、「促進フォーカスレンズ」や「予防フォーカスレンズ」ほどには、進んでいません。愛着研究のほとんどが幼児や子どもたちを対象に行なわれてきたからです。しかし不安型や回避型のレンズをつけた相手に対して使えそうな、研究結果をもとにした戦略はいくつかあります。

相手がどうやら「不安型レンズ」を通して見ているらしいと思ったら、まずは深呼吸をしてみてください。それは、かなり努力と忍耐力のいる状況だからです。基本的に相手は怖がっているので、自分が傷つけられるのを防ぐためなら、先にあなたを傷つけることさえためらいません。なかなかやっかいな相手ですが、次のようなアプローチならまちがいないでしょう。

●共感を持つ

不安型レンズの人が防衛的になったり、激しく突っかかってきたりしたら、「この人はいま何を恐れているのだろうか」と考えます。不安型レンズのメガネをかけたつもりで、状況を想像してみましょう。相手は何を「拒否」と受け取ったのでしょう。そう考えれば問題を理解しやすくなるだけでなく、共感が湧いてきて解決の道が見えてきます。

●相手の言動を自分個人に向けたものと受け取らない

繰り返しになりますが、これはあなたの問題ではなく、相手にずっと昔に起こったことが原因です。だから冷静に関わり続けてください。そうすれば相手も冷静さを取り戻します。

●不明瞭な態度を避ける

私たちが意見や気持ちを相手にもっと明確に伝えるようにしたら、曖昧さはかなりなくせます。真の意図をはっきり表すようにもう少し努力すれば、相手はあなたの言葉や行動を拒否と受け取ることが少なくなります。

●信頼できる人であること

人を無視することや、約束を破ることは、相手がどんな人でもよくありませんが、ことに不安型レンズの人が相手だと、非常に悪い結果につながります。

仮にこんな例を考えてみましょう。チームに新しいメンバーを雇ったとします。ジュリアという女性で、あなたは彼女に現行プロジェクトにぜひ加わってもらいたいと思っています。彼女に次の会議でリーダー役を務めるように頼むつもりです。この役目はいままで、不安型の愛着傾向があるデイヴィッドが務めていたものです。さて、「不安型レンズ」について学んだみなさんなら、デイヴィッドにどう対処しますか？

デイヴィッドの視点から見れば、この方針が彼にとって「不明瞭な状況」を生じさせるということがすぐにわかります。「上司は何でジュリアにリーダー役をやらせるのだろう。自分のこれまでの仕事ぶりに、上司は満足していなかったのか。自分はもはや気に入られていないのだろうか」と考えるのではないでしょうか。安定型の人でもこういう心配はするものですから、不安型の人ならなおのことです。

上司であるあなたはまず、不明瞭さをできるだけなくすように努力しなければなりません。ジュリアの新しい役割を発表する前に、デイヴィッドに会って自分の考えをよく説明します。彼の仕事ぶりには非常に満足していると伝え、ジュリアを選んだことは彼の仕事ぶりとはまったく関係がないとはっきり言います。さらにそういったことを確信させるために可能であれば彼に、別の重要な役割や活躍できる機会を与えます。

「回避型の愛着」を持つ人を相手にする場合も、同じように忍耐力が重要です。こういう人たちは仲間に溶け込むのに非常に時間がかかるからです。何年もかかることさえあります。次のようなことを念頭に置いておくのがいいでしょう。

●ストレスは回避型を強める

回避型傾向のある大人たちは、ストレスがかかるとますます人と距離をとりたいと思うものです。したがって特に困難な状況では、彼らが殻に閉じこもりがちであることを知っておく方がいいでしょう。

●相手に対する期待値を低めにセットしておく

回避型の人からは、温かい態度や支援をあまり期待できません。それを自分に対する敵意や嫌悪の表れだなどと考えないことです（こちらもまた「信用レンズ」のメガネをかけているので、そのために回避型の人たちの印象が歪んだものになりがちです）。

●親しみはほどほどに表すこと

回避型の人たちにやたらに親しみを表すと、警戒されるばかりで喜ばれません。ほどほどの温度を一定に保つことです。時間をかければ、関係が温まってくることが期待できます。相手のペースに任せ、親密さを押しつけてはいけません。

では、新しい同僚のマーガレットが「回避型の愛着」の人であるという仮定で考えてみましょう。彼女は、あなたや他のメンバーと一緒にいくつかのプロジェクトに関わることになりました。上司はマーガレットに次の会議における主導的な役割を命じました。彼女はかなり荷が重いと感じているようです。しかしよそよそしい感じで、人に助けを求めたくない様子です。さて「回避型レンズ」について学んだみなさんなら、彼女にどう対処しますか？

マーガレットはまちがいなくストレスを感じています。それが、自分の殻に閉じこもるという彼女の生来の傾向をますます強めているのです。したがって人に助けを求めようとしません。信用できるかどうかわからない知らない人に、借りをつくるのはいやだからです。

彼女はおそらく、あなたの支援を必要としているでしょう。でもあなたが手助けしようとしても、うれしそうにもありがたそうにもしないと思います（個人的に受け取らないように。相手があなただからそうしているのではありません）。協力を申し出るときには、気づかいを見せすぎないように、強引にならないようにします。親しい友人のような態度をとらず、必要なときだけ手を貸すただの同僚という感じにします。大げさにせず、しかも態度を明確にします。「この部分を手伝いましょうか？」ではなく「この部分を手伝わせてください」の方がいいでしょう。質問の形で声をかけると、どんなにそれを必要としていても、まちがいなく「いえ、けっこうです」と返してくるからです。

以上、四つのパーソナリティ・レンズ（促進レンズ、予防レンズ、不安型レンズ、回避型レンズ）について説明してきました。ここで、一つ知っておいてほしいことがあります。人がどんなレンズのメガネをかけているかは、およそ決まっていますが、人生の途中で別のレンズにかけ替えることもあるということです。促進レンズだった人が、喪失経験をきっかけに、予防レンズに変わることもあります。安定型レンズだった人が拒絶を経験してから、不安型レンズや、時には回避型レンズに変わることもあります。そしてまた、その逆の変化もあります。自分のニーズを汲みとってもらえるポジティブな関係に恵まれると、不安型や回避型の人が、人は信頼できると思えるようになり、対人関係や感情面の視野を歪ませていたメガネを外せることもあります。人々がなぜバイアスメガネをかけているのかを学んだみなさんは、誰かのそういった前向きなプロセスに力を貸すことができるかもしれません。

この章のポイント

★私たちは子どものときから、人間関係とはどんなものか、まわりの人の支えが信じられるかなど、対人関係の基本的なメンタルモデル（人が外界のことがらに対して持っている前提やイメージなど）を形成していきます。ほぼ半数を占めるとされる「安定型の愛着」の成人たちの場合、メンタルモデルには適応性があり、人を信用することも、対人関係を築いたり維持したりすることも容易です。残りの半数の人たちにとって、対人関係はそれほどやさしいものではありません。

★「不安型の愛着」の成人たちは文字どおり、対人関係に強い不安を持っています。親密さを必死に求める一方で、相手から拒絶されるのではないかと不安でたまりません。愛情に飢え、相手にまとわりつき、感情を爆発させやすい傾向があります。

★「不安型の愛着」の人とうまくコミュニケーションを図るには、不明瞭さを避けることが肝心です。拒絶を想起させるような言動をうっかりとらないように気をつけます。忍耐強く、常に信頼できる存在でいるようにして、相手の激しい反応を自分だけに向けたものと思わないようにします。問題はあなたにではなくその人自身にあるからです。

★「回避型の愛着」の成人は人を信用せず、誰も自分を助けてくれないと思っています。人と親密になることやつながりを持つことを極力避けます。そうしていれば、拒絶されて傷つくことがないからです。彼らは冷たくてよそよそしく、気難しい人に見えます。

★「回避型の愛着」の人とうまくコミュニケーションを図るには、相手に温かみが感じられなくても、こちらに敵意を持っているわけではないということを覚えておきましょう。それは敵意ではなく警戒心なのです。なれなれしく近づいて親しくなろうとすると、相手を不安にさせてしまいます。この人たちとの人間関係をつくるには時間がかかるので、長い目で見る必要があります。

PART Ⅳ

人を正しく理解し、人から正しく理解されるには

第九章　悪い印象や誤解を与えてしまったとき

――対処方法はいくつもある

上司に実力がちゃんと評価されていないようだとか、同僚に「偉そうにするいやなヤツ」と思われてしまっているという人はいませんか。そういう人は「フェーズ1」で、よくない第一印象を相手に与えてしまったのです。認識のバイアスのことや視野を歪ませるレンズのことを知らなかったからでしょう。でもそれらについて学んできたあなたはいま、与えてしまった誤解をなんとか解きたいと考えていると思います。

そのためには、かなり思い切った対策が必要です。誤解している相手になんとか「フェーズ2」までいってもらわなければなりません。「フェーズ2」は修正フェーズであり、ここでは最初の印象が修正され、より正確な情報が反映されたものになります。「フェーズ2」では、相手はあなたの行動に関して状況を考慮に入れるようになります

（彼女は能力が劣っているのではないのかも……この種の仕事に慣れていないだけなんだ）。また、あなたの言動に関して、第一印象のときには考えなかった別の可能性を考えてくれます（別に偉そうにしているわけじゃなく……単に自分に知識があることを示したいだけで、それがまわりからどう見えるか気がついていないんだ）。そして第一印象が必ずしも正しくないかもしれないと考えてくれます（第一印象が悪くても実はいい人だったということもある。彼のことをもう少しよく見てみよう）。

人は他者に対する意見をいつでも修正でき、そうすることがよくあります。第一印象が重要なのは確かですが、与えてしまったネガティブな印象を変えるのに、遅すぎるということはありません。そのために大事なことは、相手が心の中でどんなことを感じているのかを理解し、第一印象を変えてもらうには何が必要かを知ることです。ただはっきり言って、相手に「フェーズ２」までいってもらうのは、それほど簡単なことではありません。忍耐と努力と慎重な計画が必要です。これに挑むには、おもに二つのアプローチがあります。

圧倒的な量の証拠を示す

相手に「フェーズ2」までいってもらうための一つの方法は、自分に対する印象がまちがっているという証拠を山のように示すことです。つまり、どんな認知的ケチでも無視できないほどに実証を積み上げるのです。それはかなり相手の注意を引くものでなくてはなりません。相手の思い込みとよほど違っていないと、気がついてくれない可能性があります。たとえば、あなたが「お高くとまっていてよそよそしい」と思われているとすると、次に会ったときにちょっと親しげにしたくらいでは、相手は何も感じないでしょう。

ですから、思い切ったことをする覚悟がいります。たとえばカールという社員がいて、遅刻することで有名だとします。上司は彼に何回か注意しましたが、いっこうに効き目がありません。上司は彼の能力とやる気に関して大いに疑問を持っています。これを悟ったカールは心機一転、出社時間をきちんと守るようにしました。これで上司の自分に対する印象が変わるだろうと期待しています。それから一週間、彼は毎日定時に出勤しました。これで、上司の彼に対する見方は変わると思いますか？　いいえ、そもそも上司が、彼の変化に気づくかどうかもあやしいです。

これがもし、彼が単に定時に出勤するのではなく、一週間、毎日一時間前に会社にやってきたらどうでしょう。これなら確実に人の目にとまります。こんな大きな変化はこれまでの印象とかなり異なるので、無視できません。上司はたぶん「いったいカールはどうしたんだ」と不思議に思い、次の一週間は彼の行動に注目してその変化が続くかどうか見極めようとするでしょう。カールの行動はみごとに上司を「フェーズ2」に移行させたというわけです。

俳優たちも、自分の印象を劇的に悪い方に変える必要があるときなどは、ある意味、同じようなことをやります。シャーリーズ・セロンのような美女が、映画「モンスター」の中で連続殺人犯を演じたときには、彼女とはわからないほどに醜くなっていました。またハンサム俳優のマシュー・マコノヒーは、映画「ダラス・バイヤーズクラブ」でエイズに冒された男を演じるために、二〇キロもの減量をしました。こうすることで、観客も批評家もまったく新しい目で見ざるをえなくなります。彼らを単なる「美人女優」や「恋愛コメディのハンサム俳優」として見ていた世間の人たちやアカデミー賞選考委員は、彼らの演技をもっとシリアスな視点で見直すことになります。

自分に対する見方を変えてもらいたい相手には、その人が無視できないほどに明瞭で意外な証拠を示しましょう。相手はそれを理解するために「フェーズ2」へ進むしかなくなり、あなたへの思い込みを見直してくれます。

また自分の印象を変えるための証拠はたっぷり示さなければなりません。上司があなたの能力を評価していないようなら、一度や二度いい仕事をしてみせたくらいでは、たとえそれがかなりのレベルであっても、変化を起こすには不十分です。「下手な鉄砲も数撃ちゃ当たる」ということわざのように、「まぐれ当たり」として無視されかねません。

しかし、繰り返し印象深く示された特質は――優れた能力でも、謙虚さでも、親しみやすさでも――相手の脳に大きな「認知的不協和」を起こすため、（その間に相手の関心を奪うような別のことが起きなければ）それを無視できなくなります。そして相手は不協和を解消するために「フェーズ2」に移り、正しくあなたを認識しようとします。

このアプローチはたくさんの証拠を示す必要があるため、実際に行なうにはかなりの努力と時間を要します。私の友人（パトリックとしておきます）の例をお話ししましょう。パトリックの第一印象は、たいていの場合きわめてひどいものです。私にとってもこれまで例がないほど悪い印象でした。彼は初めての人に会うとよく緊張するのですが、そういうときに一風変わった不適切な防衛メカニズムが働くのです。相手が触れられたくないことをなぜか巧みに捉えて、侮辱的なことを口にしてしまいます。まるで自ら火に飛び込んでいく蛾のような自滅行為です。

パトリックに会った人々は、ネガティブな印象を持つどころか、彼を毛嫌いします。しかし実際には、パトリックは親切で愛情深く、非常に誠実な人間です。緊張していないときの彼を知るようになると、第一印象で思っていたのとは正反対の人だとわかるのです。しかしそこまでくるのに、およそ半年ほどもかかります。したがって彼の友達は、学校の同級生とか同僚とか、半年以上彼といやでも一緒に過ごさなければならなかった人に限られます。本来の彼とは異なる最初の悪い印象を消すには、良い面を数多く目撃しなければならないからです。

相手が意見を修正したくなるようにしむける

第一印象の修正に六カ月もかけていられないという人には、この二番目のアプローチを勧めます。相手があなたに対する認識を変えたくなるようにしむけるやり方です。これならもっと早く少ない努力で目的を達成できます。ただしこのアプローチは、かなりの知略を必要とします。

これからお話しする戦略はどれも、相手を「フェーズ2」に導き、最初の印象をより本来の自分に近い（たいていの場合）ポジティブなものに変化させる効果が高いことが実験で証明されています。これらの戦略を一つだけ使うこともできるし、効果を上げるために組み合わせて使うこともできます。

相手の平等で公正でありたいという意識に働きかける

人は一般的に、自分は公正で偏りがない人間だと考えたがります。「あなたは、人を公平に見て適正に扱いたいと思っていますか」と聞いたら、ほぼ誰もが「はい、そのとおりです」と答えるでしょう。これは、心理学用語でいう平等主義的目標（egalitarian goal）です。

研究結果によれば、「平等主義的目標」が強く働いているとき、つまり認識する人が本当に公正でありたいと思っていて、その目標が意識された場合には、バイアスやステレオタイプも自然に自動的に大きく抑制されます。[1] バイアスが心に浮かぶことさえないので、認識に悪影響を与えることもありません。「フェーズ1」を飛び越えて直接「フェーズ2」に入ってしまう感じです。相手のあなたに対する印象はより正確で、あなたの意図に沿ったものになります。

しかし問題は、相手がたとえ強い「平等主義的目標」を持っていたとしても、あなたを判断するその瞬間に、目標がフォーカスされないことです。人はふだん「自分は平等主義でありたい」と思っていても、初対面の人を前にして「この人をバイアスもステレオタイプも排して、公正に的確に判断しよう」とことさらに考えたりしません。そういう気持ちは自動的には起こらないので、「平等主義的目標」が作動しないのです。結局「フェーズ1」のバイアスが好きなようにあなたを判断してしまい、公正さという目標からはすっかり遠いものになってしまいます。

私の友人でリーハイ大学の心理学者である、ゴードン・モスコヴィッツは、人々の「平等主義的目標」を喚起する方法があると気がつきました。本人が忘れているときに、ある種のやりとりをすることによって、その目標を作動させるという方法です。[2]

まず「ラベリング」の威力を利用する方法があります。一般的に人は、自分に何かの**「ラベル」が貼られると、それが肯定的なもので自分の信念に合っていさえすれば、それに見合う行動をとろうとする**ものです。たとえば、その人たちは、チャリティなどに寄付をした人たちを「寄付をする心の広い人」と呼ぶと、二週間後に再び寄付を求められたとき、さらに多くの寄付金を出すようになります。「そうか、私は心の広い人間なんだ。じゃ、たくさん寄付をしなくちゃ」と考えるのでしょう。[3]
　相手の「公正さ」「偏見のない評価」「読みの鋭さ」「正確な洞察力」などを褒めることによって、この「ラベリング」の力を利用することができます。ただし、あまりよく知らない相手の場合は、そういう判断をする土台がありませんから、その場合は少し別のアプローチが必要になります。相手の仕事や社内の地位などについて言及し、「人を的確に公正に見極める能力は、とても大事なスキルでしょうね」と言うのです。別に心にもないことを言うわけではありません。どんな仕事でも、人を公正に評価することが肝心なスキルであることには変わりないからです。その重要性を相手に思い出させることによって、相手の「平等主義的目標」を作動させ、「フェーズ2」に導くことが可能です。

　興味深いのは、モスコヴィッツによって発見された、それよりさらに効果がある方法です。それは、相手が過去に公正さを欠いたときのことを思い出させるというものです。実験では参加者たちに、かつて誰かを、属するグループのステレオタイプで判断した経験を思い出させました。たとえば、「女性にリーダーの仕事が務まるのだろうか」と思ったときとか、何もしていない黒人の男性を理由もなく怖いと感じたときなどです。[4]　正直に考えてみれば、偏見を持って人を判断した苦い経験は、誰にでもあるものです。

モスコヴィッツは研究を続けるうち、過去に自分が公正でなかったことを思い出すと、今度は公正であろうとする強力な欲求が生じるという結果が繰り返し現れることに気づきました。彼はこのプロセスを代償的認知（compensatory cognition）と呼んでいます。これはほぼ無意識に行なわれるのですが、文字どおり、脳が過去におかした過ちを埋め合わせて、正しいあり方に直そうとする働きです。「代償的認知」が起きると、ステレオタイプ的見方や偏見をほぼ完全になくすほどに「平等主義的目標」が強く作動します。

いまみなさんは「だけど、相手がこちらをステレオタイプで見ていたとしても、いったいそれをどうやって知らせるんだ。そんなこと言ったら相手を怒らせて、こっちはますます嫌われてしまうじゃないか」と思っていませんか？　そのとおりです。相手を防衛的にしてしまったら「エゴレンズ」も起動しますから、あなたはひどい目に遭うことになります。ここはぜひ慎重にやらなければなりません。

相手に向かって「公正な見方をしてくれない」などと非難するのは禁物です。むしろ、自分の話として公正であることの難しさについて話す方がいいでしょう。以前にステレオタイプや偏見で人を見誤った経験を何気なく話します。恥ずかしながら、私自身にも話せそうな経験はいくらもあります。

・大学院の学生でペンシルバニアの田舎から来た人がいました。純朴なあまり面白くない子だろうと思い込んでいたのですが、実は生粋のニューヨークっ子にも負けないくらいウィットがあり辛口のジョークが上手な学生でした。

・コロンビア大学の廊下を、汚いトレパンにTシャツを着たしだらしない恰好の男性が歩いているのを見て、警備員に連絡しようかと思いました。ところが一ヵ月後、その人が学部全体を対象にした講演会で、自分が生み出した複雑系の統計理論を説明しているのを見てびっくりしました（この人は著名な心理学者・統計学者で、のちに私のメンターの一人になった学者です。いつもそんな恰好でいて、たまにTシャツが変わるくらいです）。

・女性のポスドクで、スキンヘッドにしてタトゥーを入れていた人がいました。私はその人が怖くてずっと避けていたのですが、どうしても同席しなければならなくなったときに、彼女が実にかわいらしい愉快な人であることがわかりました。趣味は、編み物とアルゼンチンタンゴだそうです。人は外観からはわかりませんね。

自分のこういった失敗を上手に伝えることができれば、相手の同じような経験を何気なく尋ねてみることもできます。特に何も話してくれなくても、少なくともそういうことについて考えさせることができます。それによって相手の「平等主義的目標」が活性化するので、人をもっと適正な見方で見ようとする心の窓が新たに開きます。

相手がコントロール感を失っているときはチャンス

人間というのは、事態を予測しコントロールしたいという深い根源的な欲求を持っています。自分を取り巻く世界がどのようなしくみで動いているのかを理解し、このあと何が起きるのかをいくらかでも予測して、自分に有利な形で起こるようにしたいというのは、人類が生存のために発展させてきたニーズで、誰にも共通する本能的なものです。しかし現代の世の中では、自分の船のキャプテンでありたいというこの根源的な欲求は、新しい意味を持つようになってきました。

自分の人生をコントロールできる人、つまり仕事や家庭において多くの選択肢を持ち、不確定な要素が少ないと感じている人たちは、上の人間の指示で動いているだけで何も決められないと感じている人たちに比べ、より幸せでストレスも少なく、人生のつまずきによりよく対処できるということを、長年の研究結果が示しています。コントロール感を持っている人は、自ら設定した目標に到達できることも多く、自分が心に決めたライフスタイルの大きな変化も成功させることができます。

一方で、コントロール感を失う経験をすると、ほぼまちがいなく無力感、無気力、抑うつが生じます。コントロール感の低さは、病的なうつの一つの特徴でもあり、因果関係の矢印は双方向を向きます。つまり、コントロール感の欠如がうつを生じさせ、同時にうつがコントロール感を損なわせるのです。

もちろん、コントロール感を減少させるものは他にもたくさんあります。自然災害、突然の喪失、ストレス、不安定な状態、選択肢のなさ、他者による支配、マイクロマネジメントなどはどれも、私たちに無力感を与え、自分以外の力に操られているように感じさせます。そしてほとんどの人にとって、それは非常に不快な感覚です。

コントロール感を失くしたときに人が最初にしようとすることは、当然ながら、それを取り戻そうとすることです。しかし、問題に直接対処すること（たとえば、マイクロマネジングする上司に「辞めさせてもらいます」と言うとか）によって取り戻すことが難しい場合には、無意識のうちにちょっとした方法によって、コントロール感を多少なりとも保持しようとします。たとえば、常にコントロール感のなさを感じている人が、魔よけのおまじないをしたり、縁起を担いだり迷信に頼ったりすることがあります。これは、自分ではどうにもならないことがらに、いくらかでも影響を及ぼそうとする気持ちの表れです。[5]

コントロール感を形づくる大きな要素は、このあと何が起こるかをきちんと予想できることです。したがって、他者の言動を予測する能力を身につけると、コントロール感を強めることができます。コントロール感を失った人たちが、非常に警戒心が強くなり、他者を熱心に観察して細部に注目するのは、コントロール感を取り戻そうとするからです。[6]

たとえばこんな実験があります。参加した女子学生たちにパズルをいくつか解いてもらいます。[7] 正しく解くためには、各パズルに共通のパターンに気づく必要があり、それには毎回解答したあと、正解だったかどうかをちゃんと教えてもらわなければなりません。しかし参加者たちの一部には、気の毒なことに、真実とウソの混じったでたらめなフィードバックが与えられます。そして参加者たちはみな、最後のパズルをやり終えたあとで、共通のパターンを突き止めたかどうかを尋ねられます。女子学生たちは推測で答えるわけですが、それが合っているとも教えてもらえません。パターンがちゃんと予測できず、しかも正しかったかどうかもわからなかった参加者たちは、コントロール感が大いに損なわれました。

次に女子学生たちは、次の作業はパートナーと一緒に行なうと告げられ、相手に関して知りたいことを尋ねてもよいと言われます。コントロール感を意図的に低められた参加者たちは、そのほかの参加者たちに比べ、パートナーを判断するための個人的な特徴についてより細かく知りたがりました。コントロール感を取り戻すために、一緒に作業する相手についてできるだけ正確に知りたいという気持ちが生じたのです。

したがって、もしあなたを判断しようとする相手が、コントロール感が乏しい状態にあれば、おそらくいつもより余分に努力してあなたのことを知ろうとしてくれるはずです。かといって、意図的に相手をそんな状態に陥れるなどというのは、簡単ではないし、そもそも倫理的にもまずいでしょう。そうではなく、相手がそういう状態にあるときを単に利用するのです。相手が、何らかの理由でコントロール感を失くしているとき、つまりストレスがかかっているとき、不安なとき、落ち込んでいるときがチャンスです。

そういうときに、コントロール感を取り戻す方法として、あなたのことをよりよく理解してもらうようにします。もちろん、それを口に出して提案するわけではありませんよ。そもそもそんな必要はありません。ストレスを感じている相手は、自分の周囲の状況をしっかり把握したいと自然に思っていて、そこにはあなたの存在も含まれています。これは本能的なストレス対処のメカニズムで、人間はそのようにつくられているのです。

職場が特に不安定な状況にあるとき、たとえば業務戦略が変更されたり、リーダーが変わったりしたときなどは、自分をもっと評価してほしいと思う相手に近づく絶好のチャンスです。ランチをとりながらでも、互いのことをよりよく知ればもっと仕事がしやすくなるという考えを、相手に伝えます。コントロール感を高めるのに「周囲の人をよく知る」というのは最良の方法です。したがってあなたのそういう態度は、必ず歓迎されるはずです（すでに一年も一緒に働いていてよく知っている相手の場合は、ランチに誘って、より効果的な協力について話してみてはどうでしょう）。

またこんなこともできます。多くのプロジェクトを抱えている上司が、最近ストレスを抱えている様子だとします。そういうときこそ手助けを申し出ましょう。この機会に、認めてもらいたいと思っている自分のスキルセット――組織における管理能力、イニシアチブをとる能力、プレッシャーに強いことなど――を示すことができます。上司や同僚が苦しい立場にあるときに助力を申し出ることは、あなたの強みを際立たせる最適の方法で、相手がそれに気づく可能性が大いにあります。

相手の成功にとって欠かせない存在になる

相手にこちらを正しく評価しようと思ってもらうには、「フェーズ2」における相手の努力に何らかの形で報いなければなりません。そのための一番簡単で直接的な方法は、相手との間に相互依存的な状態をつくり出すことです。心理学者はこういう状態を結果依存性（outcome dependency）と呼び、これには基本的に二つの形があります。

相手が必要とする存在になる

まず一つめはより強力なもので、あなたの協力なしには相手は望むものが得られないという状況をつくるというやり方です。力の劣る者が力を持つ者に対して非常に注意深く関心を注ぐのは「結果依存性」があるからです。同僚やチームメイトに多くを依存している人が、相手の性格や意図や習慣を正確に理解しようと努力するのも同じ理由です。「結果依存性」が強いと、相手の協力が不可欠になります。したがって相手はあなたの行動を予測し、あなたの要望やニーズを察して、それに応じた行動をとれるようにしなければと思うわけです。

相手を的確に認識する必要性を生む「結果依存性」は、恋愛関係でも大きな役割を果たしています。恋愛の初めは、互いをバラ色のレンズを通して見ています。相手の一番いいところにだけ注目し、あまり魅力的でない部分は無視します。それが可能なのは、二人の生活がまだ比較的自立しているからです。ところが関係が変わって、責任が増え、出費が共有となり、養うべき子どもができると、もう幻想に浸っているわけにはいきません。互いをよく知ることによってロマンスは少々色褪せるかもしれませんが、依存関係を成功させるには、むしろ互いをよく知らなければならないのです。

したがって、誰かが何らかの理由であなたに対して誤った印象を持っているようだというときは、その人との間に相互依存の状況をつくり出すといいでしょう。その人がいまやっている仕事で何か手伝えることはないかと聞いてみたり、上司に二人で一緒にできる仕事を割り当ててもらうのも一つの方法です（上司というのは、チームづくりの雰囲気を歓迎するものです。賛成してくれるでしょう）。これは相手に、あなたを正しく判断するための最良の理由を提供することになります。相手は成功するためにあなたが必要になるからです。

一緒にいることを避けられないようにする

人間は、困難やストレスに対処するためにさまざまな方法を身につけてきました。事態がこのうえなく悪いときでも、比較的幸福で楽観的でいられるようにするための、スキルや戦略などです。心理学者ティモシー・ウィルソンとダニエル・ギルバートは、こういうメカニズムを総称して心理的免疫システム（psychological immune system）と呼んでいます。これは、強いネガティブ感情が長く続くことから自分を守るために人間に備わっているものです。

たとえば何か失敗をしても、私たちはそこから意味のある人生訓を引き出し、その経験のおかげでより強く賢くなったと感じることができます。また、自分の恵まれている点を数えたり、コップに半分の水を、「半分しかない」と考えずに「半分もある」というふうに考えたりします。あるいは恋人や配偶者（あるいは仕事）を失ったときに、「失ってかえってよかった。どっちみち幸せにはなれなかったんだ」と思うこともできます。これから非常に困難な苦痛に満ちた状況（たとえば、負傷のあとのリハビリ、四年間の医大生生活など）を耐えなければならないというときにも、それをやり遂げる人たちは、ゴールへ向かう道のりが少しでも楽になるような考え方をする人たちです。

したがって、どうにも耐え難いと思っていた相手と、これからしょっちゅう会って一緒に何かをしなければならないはめになり、それが絶対に避けられないとわかると、「心理的免疫システム」が作動します。その結果「まあ彼も、それほど悪い奴じゃないさ」「よく考えたら、けっこういい人だったこともあった」と思うようになるのです。

私の近しい友人にジェイク（仮名）という人がいます。彼はこのメカニズムをうまく利用したことがあります。彼はニューヨークの広告会社の経営幹部の娘と結婚の約束をしたのですが、彼女の父親は反対でした。ジェイクはテキサス州出身で、大学を卒業したての二二歳。これといった将来の見通しも、資産と呼べるものもなかったからです。彼女の方もまだ二〇歳で、つき合い始めてから数ヵ月しかたっていませんでした。しかし二人は激しく恋に落ち、お互いこそが「運命の人」だと固く信じていました（若い人たちとはそういうものですよね）。

ジェイクは荷物を詰め、ニューヨーク行きのチケットを予約しました。将来の義理の父と決めた相手を約束もなしに訪ね、「どれだけ時間がかかっても自分を理解してもらって、二人のことを許してもらえるまで帰らない」と断言したのです。こうやってしつこく粘るうちに父親が折れてくれると確信していました。そして結局、そのとおりになりました。父親の怒りはしだいにあきらめに変わり、やがてジェイクに対する好意が生まれました。一〇日後、ジェイクたちは父親の祝福を手にしました。**人は抵抗しても無駄だとわかると、あきらめて相手を好きになる方が理にかなっているように思えてくるのです。**

厳密に言うと、この戦略はポジティブなものの見方につながるということであって、より正確なものの見方につながるとは限らないのですが、しばらくこの人を我慢しなければならないと悟った相手は、あなたの中の一番いい面を見ようとしてくれます。[8] ですから、相手に悪印象を持たれたかもしれないというときや、相手が自分の良い面を理解してくれていないようだというときには、できるだけその人とひんぱんに接触した方がいいのです。なるべくそばにいくようにしていると、やがて相手はかなり無理をしてでも、あなたに好意を持つようになります。

こんな架空の話を考えてみましょう。同僚で他部署の部長であるジェイソンが、あなたによくない感情を抱いているらしいのです。怒らせるようなことをした覚えはないのですが、会議などで顔を合わせると、ジェイソンの態度は冷ややかで、あなたに対する不信の念があるようです。しかし噂によれば、ジェイソンは来年退職する上司のポストを継ぐようです。そうなると彼の権力は大きくなり、あなたの仕事にも直接影響が及ぶことになります。関係をいまのうちに何とか修復しないと、やっかいなことになりそうです。問題は、彼と顔を合わせる機会がほとんどないことです。共同のプロジェクトもなく、関係修復の機会が見当たりません。

何とかして彼に会う時間をもっとつくる必要があります。そこで少し調べてみると、ジェイソンが、ほぼ毎朝社内のジムで運動していることと、一時頃にカフェテリアでランチを食べることが多いということがわかりました。そこであなたはスケジュールを調整して時間を合わせ、ジムやカフェテリアで自分の姿を相手に見せるようにします。といっても、いつも近づいていくことはしません。ストーカーみたいに思われては困りますからね。たいていは、単ににっこり会釈したり、ちょっと手を振ったりするだけです。大事なのは、こちらの存在を繰り返し印象づけることです。「慣れ親しむと侮りが生まれる」ということわざがありますが、研究の結果が示しているのは多くの場合、むしろ**慣れ親しむと好意が生まれる**ということです。その理由の一つは、人は前に見たことがあるものを居心地よく感じるということ。もう一つの理由は、しょっちゅう身のまわりにいる人や存在する物は、好きになってしまった方が楽だと感じるということです。

ジェイソンの態度がしだいにほぐれてきたと感じたら、もう少しひんぱんに近づいていったり声をかけたりして大丈夫です。たとえば、ランチを一緒にどうかと誘ってみましょう。でも、必要以上に取り入ろうとしたり、気持ち悪いほど相手に合わせたり、自分の良さを売り込んだりしてはいけません。自然で気さくな感じでいいのです。あなたの「好ましい点」は、相手が見つけてくれます。あなたの存在感が定着してしまえば、相手には「この人を正しく理解しよう」というモチベーションが生まれるからです。

「フェーズ2」は自動的に生じる状態ではない、ということを思い出してください。「フェーズ2」に進んでもらうためには、それだけの精神的エネルギーとモチベーションがなければなりません。相手の注目を引くような「本当の自分を示す証拠」をふんだんに見せることによって、それが可能になります。

ただし、それだけの時間がない場合もあります。そういうときは、彼らの「人を公正に判断したい」という欲求に気づかせたり、あなたを正しく知ることによって相手がコントロール感を取り戻すようにしたり、あなたへの依存を増すようにしたりすれば、「フェーズ2」のモチベーションを高めることに役立ちます。

印象を修正してもらうための最後の決め手は、あなたの忍耐力です。ものごとや他者に対する相手の気持ちが一晩で変わることはめったにありませんが、それでも人の気持ちはいつか変わるものです。ここまで読んでこられたみなさんは、その変化を生じさせるツールをすでに手にしています。

こちらに非があるときは謝る

重要な仕事を期日内に完成させると上司に約束したのに、見通しがまちがっていたようで、どうやら遅れてしまいそうです。また、合同プロジェクトで同僚の一人をカヤの外に置いてしまい、裏切られたような不愉快な思いをさせてしまったとします。そんなときは、率直に自分の非を認めるしかありません。

謝ることが、相手の関心を引く最良の方法となる場合もあり、相手のあなたに対する評価が一変して良くなることもあります。ただ、謝罪というのはなかなかやっかいなものです。適切に行なわれたときには、対立を解消し、傷ついた感情を癒し、許す気持ちを生じさせ、関係改善につながります。一つの謝罪が、訴訟に発展することを未然に防ぐことさえあります。(弁護士たちは依頼人が謝罪することを極端にいやがり、謝らないように警告する傾向があります。謝罪すると罪を認めることになるとして恐れるのです。でも研究結果によれば、被害を受けた人が相手から謝罪された場合には、訴訟に持ち込まない例が多く、しかもより少ない金額の慰謝料で納得する可能性が高いのです)

しかしご承知のように、謝罪というのはなかなか簡単ではありません。本書の冒頭で紹介した、退任に追い込まれたヨガウェア会社「ルルレモン」のCEO、チップ・ウィルソンに聞いてみたらわかると思います。その他にも、お粗末な謝罪の例は枚挙にいとまがないほどです。したがって、謝罪をしたら苦境から解き放たれるという保証はありません。なかには、相手にまったく許す気がないとか、過ち自体が本質的に許されざるものだという場合もあるでしょう。しかし多くの場合に謝罪が失敗に終わる理由は、謝り方がまちがっているのです。正しい謝り方とは次のようなものです。

●自分を正当化しようとしない

ほとんどの人は、自分の意図や考え、気持ちなど、自分自身に関したことを述べて謝ろうとします。それがまちがいです。

「……するつもりじゃなかったんです」
「ただ……しようとしただけで」
「……なんて、考えもしなかったんです」
「私にとっては、無理もなかったんです」

あなたがまちがいをおかしたために迷惑をこうむった人たちは、あなたの考えや気持ちについて聞きたいとは思っていません。だから自分について話すのではなく、謝罪の対象、つまり怒らせた相手のことに的を絞って話します。

●相手の立場を想像する

具体的には、あなたの過ちによってどのように相手が被害をこうむったか、どのように相手が感じているか、立ち直るためにあなたに何を求めているかをよく考えます。相手のあなたに対する偏見がひどくならないように、状況を不明瞭なままにしないことです。

●相手の気持ちや価値観を受け入れる

相手は脅威を感じていて、安心できる確証を欲しています。相手の気持ちを思いやり、相手にとって何が大事なのかに耳を傾けます。それが、こちらが引き起こしたダメージを修復するうえで大事なステップです。

●「自分たち」という感覚を修復する

約束を守れなかったり、何かの点で相手を不当に扱ったりしたときには、信頼が傷つくだけでなく、それまで互いの間にあった「自分たち」という感覚もダメージを受けます。「自分たち」に属さない人間だと思われてしまいかねません。これまで共有してきた過去、互いの共通点、共有する目標などを思い出してもらうようにします。自分は仲間として、二度とチームを失望させることはないと約束します。

●相手によって謝り方は違う

結婚記念日を忘れていたことを妻に謝るのと、地下鉄の中で知らない人にコーヒーをかけてしまったことを謝るのとでは、謝り方が違うのは当然です。ではどう違うのでしょうか。「効果的な謝罪」に関する最近の研究結果は、相手との関係に応じて謝罪のしかたを微調整するべきであると説明しています。[9]

状況によって正しい謝罪のしかたは変わる

電車の中でスーツにコーヒーをかけられた人は、償いの申し出を望んでいます。見知らぬ人や顔見知り程度の相手には、償いを申し出ることが、失敗を挽回して、崩れたバランスを取り戻すことになります。償いは具体的なもののこともあります。たとえば車をバックさせていてうっかり隣の家のフェンスに突っ込んでしまったなら、その修理代を払うべきだし、友達の携帯電話をトイレに落としてしまったなら、新しい電話を買う必要があります。またもっと感情的なものや相手との関係を保持するための償いもあります。「申し訳ない。私のふるまいはまったく許しがたいものでした。これからは精一杯気をつけることで、償いにさせてください」というような場合です。

しかし、相手が配偶者、恋人、同僚、近しい友人などの場合には、「共感を示すこと」が必要です。仲間はずれにされた同僚や、気持ちを傷つけられた配偶者は、償いなど求めてはいません。「共感を示す」というのは、**相手の立場に立って考え、自分のせいで傷つけてしまったことを認め、相手を思いやる気持ちを表すこと**です。たとえば「君があれだけやってくれたのにボクは十分感謝しなかった。すまなく思っている。さぞ不愉快だっただろう。君にそんな思いをさせたのはまったくボクの本意じゃなかった」というようなものです。共感を示された相手は、自分が理解されたこと、パートナーとして大事に思われていることを感じ、信頼が回復します。

では、チーム全体を裏切るようなことをしてしまった場合はどうでしょう。職場では、私たちは多くの場合チームとして行動します。一人が大きな失敗をすると、グループ全体にその累が及びます。チームの場合、メンバーはあなたの償いも共感も望んでいません。望まれているのは「ルールや規範違反の認識」です。したがって、基本的にあなたがすべきことは、属するグループ、組織、社会のルールを破ったことを認めることです。たとえば「私は自分のチーム（組織／家族／コミュニティ）に対して責任があります。もっと良識ある行動をとるべきでした」「自らをおとしめただけでなく、私を信じてくれていた人たちを裏切ってしまった」などという発言が求められます。

よく考えてみると、自分たちがふだんどれほど下手な謝罪をしているかは驚くほどです。私たちは謝られる側になることも多いのですから、どういう謝罪がよくてどういう謝罪がダメなのか、本当はもっと理解していていいはずです。でも現実には、相手の心理がどんなものかを忘れてしまいがちで、それは謝るときだけでなく、人を説得するときや助けようとするとき、励ますときなども同様です。

謝罪をしようとするときは、まず自分に問いかけてみてください。謝る相手はどういう人で、謝罪の言葉に何を求めているのでしょう。車内でコーヒーをかけられた人は、「あなたのお気持ちはよくわかります」などと言われたくありません。でも夫や妻の誕生日を忘れた場合、相手は自分の気持ちをわかってほしいと思っているのです。

おわりに――相手と自分自身を正しく理解する

この本もそろそろ終わりに近づいてきました。ここまでは「自分をほかの人に、よりポジティブに、より正確に見てもらうにはどうするか」「自分が見てほしいとおりに相手に見てもらうにはどうするか」についておもに書いてきました。相手にこちらを正しく認識してもらわなければ、コミュニケーションはなかなかうまくいきません。でも実は、より良いコミュニケーションのためには、さらにもう二つの要素が必要なのです。ここまで直接言及してきませんでしたが、「こちらが相手を正しく理解すること」と「自分自身を明確に理解すること」の二つです。

相手を正しく理解するためのポイント

ほかの人たちをちゃんと理解しようとせずに「人が自分をちゃんと理解してくれない」と文句を言っていませんか？　もしそうなら、それはフェアではありません。それに、ほかの人たちの意図、感情、性格などをできるだけ正確に読み取ることができれば、自分自身のためにも役立つのです。でも私たちも他の人々と同様、まちがった思い込みや偏見にとらわれやすく、バイアスレンズの影響を受けやすいという弱点を持っています。しかも時間もエネルギーも無尽蔵ではありませんから、無意識のうちに思考の「ショートカット」をしてしまいます。

でも、そういうことはすでにみなさんは理解してくれています。それさえわかれば、目的は半分達成されたようなものです。自分にバイアスがあることを知っていれば、それを和らげたり消し去ったりすることが容易にできるようになります。では残りの半分を達成するにはどうしたらいいかということになりますが、誰かを理解しようとしたり判断したりするときは、次のようなことを気にかけてみてください。

●十分に時間をかける

相手を性急に判断しないことです。第一印象は見当違いが多いということを念頭に置いておきましょう。相手の言動は、ほかにもいくとおりもの解釈が可能なのです。状況を見極め、それが相手の行動に影響を与えた可能性を考えます。（スーザンは失礼なふるまいをするつもりはなかったのだろう。初めての人に会うと緊張して、その恐怖とぎこちなさから悪い印象を与えてしまうこともありうる。よく知ってみたら、彼女はまったく違う感じの人かもしれない）

●人を公正に判断しようと心に決める

私たちはみな（少なくともほとんどの人は）、公正でありたいと思っています。それでも、人を認識する瞬間に、そのことをちゃんと意識するとは限りません。でも「フェアでなくちゃ」と思い出すだけで、無意識のバイアスが減ります。初めての人に会うときには心の中で「フェアであれ」という言葉をおまじないのように唱えるといいでしょう。あるいはポストイットに書いてパソコンに貼りつけるという方法もあります。公正であることを意識すればするほど、人に対する認識は正確なものになります。

●確証バイアスにご用心

ひとたび第一印象が形づくられると、相手の行動にさまざまな特徴を見出そうとせず、自分の印象を確定する証拠ばかりを探してしまう傾向があります。

マネジャーのポストが空き、後任にエリオットとジョアンナという二人の候補がいるとします。あなたはどちらを新しいマネジャーにするか迷っています。二人とも以前から知っていますが、特によく知っているわけではありません。ジョアンナの方は、有能なマネジャーに必要な「アサーティブネス（自分の意見を率直に表明すること）」が少し足りない気もします。以前に別のプロジェクトでリーダー役になることをいやがったことがあったからです。そこでエリオットを昇格させることを考えています。この場合、「女性は自己主張ができない」というステレオタイプがあなたの認識を歪めている可能性があります。

この判断を評価するには、四種類の根拠を考慮する必要があります。もしアサーティブネスが問題になるのであれば……

「ジョアンナがアサーティブでなかったときの例」
「ジョアンナがアサーティブだったときの例」
「エリオットがアサーティブでなかったときの例」
「エリオットがアサーティブだったときの例」

をすべて考えなければなりません。

確証バイアスによって、私たちは自分の仮説を証拠づける事実ばかりに目を向ける傾向があります。この場合なら、四つの例のうち、「ジョアンナがアサーティブでなかったときの例」だけを考え、残りを無視しがちです。

誰かに関して判断を行なうときには、自分の仮説に合うものも合わないものも、四つすべてを考慮する必要があります。そしてもう一人がその人と同様の状況にあったときどうだったかを考えます。

自分自身を理解することも大切

私がこの本を書いたのは、なぜ人は誤解されるのかを理解してもらうためです。誤解というのは、それほど日常的に起きることだからです。しかし実際には、あなたが「誤解」だと思っていることのすべてが誤解とは限りません。時には、相手の方があなたの真実を見抜いていて、あなたの方が自分を正しく理解していないということもあります。

自分を正しく知るということは、思っているよりずっと難しいことです。本書の中で何度も書きましたが、人は時に、自分自身の心の中で何が起きているのかさえ知ることができません。人間とはたいそう複雑な生き物で、「自分」という存在は一種類ではありません（職場の仲間といるときのあなたと、家族といるときのあなたは、本当に同じ人でしょうか？）。また私たちには、自分をある特定の人間と見たがるモチベーションが働きます。つまり、他人を認識するときだけでなく、自分自身を認識するときにも客観性がないのです。

では、自分は本当に誤解されたり不当に評価されたりしているのか、あるいは単に自分が勘違いしているだけなのか、どうやって見分ければいいのでしょうか。それは正直に言って、そう簡単ではありません。それだけで、一冊の本が書けてしまうほどの大きなテーマだと思います。しかし一つだけみなさんにアドバイスできるのは、まわりの人のあなたに対する認識に一貫性がないだろうかと考えることです。もし友人、家族、同僚の誰もが、あなたに対して同じ「誤解」をしているのであれば、おそらくそれは誤解ではないでしょう。自分自身が「フェーズ2」に進んで、自身に関する思い込みに疑問を投げかけ、自分のイメージと他者の意見の整合性を考えるべきだろうと思います。

他者でも自分自身でも、人を的確に認識するというのは、人間がすることの中でもっとも難しいことかもしれません。人間は複雑です。言葉や行動はあいまいさに満ちていて、いかようにも解釈可能です。おまけにそのことを、私たちはよく理解していません。認識というのは明快で単純なものだと思うように脳が配線されているからです。私たちがしょっちゅう失敗する原因はそこにあります。

自分の意図を正確に読み取ってもらいたいと思うなら、あるいは自分が「こう見られたい」と思うとおりに人から見てほしいなら、相手に任せきりにしていてはいけません。ちゃんと正しく見てくれないといって相手を責めても意味がありません。それよりも、正しく理解されるように、こちらから相手に働きかけることです。

謝辞

この本の執筆は、私にとってこのうえなく楽しいものでした。それは本当に優れた方たちに支えられて仕事ができたからだと思います。出版元の「ハーバード・ビジネス・レビュー・プレス」社では、鋭い視点とウィットと言葉に関する感性の持ち主である編集者のサラ・グリーンが、熱心に関わってくれましたし、ティム・サリヴァンが、初めから終わりまで執筆作業に目を光らせ、話が冗長に流れないように気を配ってくれました。ほかにも進行担当のジェン・ウェアリング、広報担当のニナ・ノッチョリーノをはじめ大勢の方たちがこのプロジェクトのために力を尽くしてくれました。

完成前の原稿を読んで、洞察に富んだコメントや提案をしてくれた、ドリー・クラークたちにも感謝しています。最初につけたタイトルに反対してくださったおかげで、結果的によりよいタイトルになったことも、ありがたく思っています。

また、いつも変わらず有能なエージェントであり大事な友人でもあるジャイルズ・アンダーソンにも、お礼を言います。彼は本書だけでなく、これまでの私の著作にも常に膨大な時間と努力を注いでくれました。一人でどうしてここまでできるのだろうと不思議なくらいです。

そしてもちろん、本書の内容は多くの研究に基づいています。それらの研究を成し遂げてきた何百人もの社会心理学者、認知心理学者の方々の存在がなければ、この本はありえません。われわれ人間というのはなかなか本質を見極めるのが難しい生物で、いまだに解明できない部分もたくさんあります。不明な部分に光を当てる努力を続けてくださっているみなさんすべてに、お礼を申し上げます。

そして最後に、家族への感謝を述べたいと思います。母は何があっても私を応援してくれるチアリーダーであり、同時に誰よりも厳しい目を持った読者でもあります。そしてこの本のアイデアを与えてくれた夫にも本当に感謝しています。

ジョナサン、この本だけはぜひ読んでくれなくては！

訳者あとがき

みなさんは、どうも上司や同僚から正当に評価されていないようだとか、人から誤解されているらしいと感じたことはないでしょうか。どうやらそういうことは、誰にでも起こることのようで、それには科学的な理由があるのだということが、この本を読むとよくわかります。

本書は二〇一五年に、早川書房から単行本として刊行されました。その後読者から寄せられた感想の多くが、「思い当たることがたくさんあった」「あの時の行き違いはそういうことだったのかと納得できた」というものでした。

私自身も、本書の内容に過去の経験を重ねて納得することが多々ありました。そして、人に自分を正しくわかってもらうことはかくも難しいのかと驚き、これでは誤解が生じて当然ではないかと思わずにはいられませんでした。

その「誤解が生じて当然」の理由を、著者は社会心理学の研究結果を示しながら、面白くわかりやすく解説しています。人間の脳というものは、元来そのようにできているのだそうです。脳はただでさえ多くの仕事をこなさなければならないので無理もないのですが、人を認識する際に必要なエネルギーをできるだけ節約しようとします。たとえば、相手を判断する時には、ステレオタイプなどを使って、予想と合う部分ばかりを見ます。その時の相手の事情などを十分考慮せず、安直に作り上げた第一印象をなかなか変えようとしません。

相手に対する見方が歪んでしまう要因は、他にもいろいろあります。まず人は、初対面の相手に対して「信用レンズ」というメガネをかけます。相手が自分の脅威にならないかどうかをチェックするメガネで、これに合格しない人は正しく見てもらえません。またパワーを持つ人は「パワーレンズ」というメガネをかけていて、パワーを持たない人をきちんと認識する努力をしません。さらに、どんな人もみな、自分を優位に感じるための「エゴレンズ」というメガネをかけていて、相手を実際よりも低く見たり、かなわない相手を視野から締め出したりします。これらのバイアスはどれも、無意識レベルで起きるため、本人に悪気はないのですが、それだけにかえって厄介かもしれません。

そのほかにも私たちは、性格や育てられ方によってさまざまな歪みを生じさせるメガネをかけているので、他者を正しく認識することが一層難しいのです。

一方で私たちは、相手に自分を正しく認識してもらうための努力を十分にしていない、と著者は言います。顔の表情などは、優れた俳優でもない限りは、感情を伝える手段としてほとんど役に立たないようです。家族や友人でさえ、その人を正しく理解していないことが実験の結果わかっています。ましてさほど近しくない人にどう思われているかは見当もつきません。

人間関係を改善する道は、まずこの甘くない現実を受け入れることから始まるようです。著者はその点を明確にしたうえで、誤解を防ぎ、人から自分を正しく見てもらうための具体的なアドバイスを数多く提供しています。読めば読むほどに味わい深く、興味の尽きない本です。

訳者としても読者としても、この本に出会えたことは本当に幸せでした。みなさんもきっと楽しく読みながら、多くの気づきを得てくださることと信じています。

二〇二〇年一月

高橋由紀子

原 注

第一章

1. P. Baker and T. Gabriel, "With Biden Up Next to Debate, Obama's Aides Plot Comeback," *New York Times*, October 7, 2012, www.nytimes.com/2012/10/08/us/politics/biden-up-next-obamas-aides-plot-comeback.html?pagewanted=all; and A. Nagourney, A. Parker, J. Rutenberg, and J. Zeleny, "How a Race in the Balance Went to Obama," *New York Times*, November 7, 2012, www.nytimes.com/2012/11/08/us/politics/obama-campaign-clawed-back-after-a-dismal-debate.html?pagewanted=all&_r=0 .
2. J. Alter, "Obama's Choke Revisited: What His First Debate Tells Us About His Troubled Second Term," *New Republic*, May 29, 2013, www.newrepublic.com/article/113287/obamas-denver-debate-choke-inside-debate-prep.
3. J. D. Vorauer and S. Claude, "Perceived Versus Actual Transparency of Goals in Negotiation," *Personality and Social Psychology Bulletin* 24, no. 4 (1998): 371–385.
4. D. C. Funder, ed., *Personality Judgment: A Realistic Approach to Person Perception* (Waltham, MA: Academic Press, 1999).
5. L. J. Human and J. C. Biesanz, "Targeting the Good Target: An Integrative Review of the Characteristics and Consequences of Being Accurately Perceived," *Personality and Social Psychology Review* 17, no. 3 (2013): 248–272.
6. D. Leising, O. Ostrovski, and J. Zimmermann, "'Are We Talking About the Same Person Here?' Interrater Agreement in Judgments of Personality Varies Dramatically with How Much the Perceivers Like the Targets," *Social Psychological and Personality Science* 40 (2012).
7. F. J. Bernieri, M. Zuckerman, R. Koestner, and R. Rosenthal, "Measuring Person Perception Accuracy: Another Look at Self-Other Agreement," *Personality and Social Psychology Bulletin* 20, no. 4 (1994):367–378.
8. F. D. Fincham, S. R. Beach, and D. H. Baucom, "Attribution Processes in Distressed and Nondistressed Couples: IV. Self–Partner Attribution

Differences," *Journal of Personality and Social Psychology* 52, no. 4 (1987): 739.

第二章

1. See http://www.natgeotv.com/ca/human-shark-bait/facts.
2. E. Jones et al., "Pattern of Performance and Ability Attribution: An Unexpected Primacy Effect," *Journal of Personality and Social Psychology* 10, no. 4. (1968): 317–340.
3. A. Zebrowitz and S. M. McDonald, "The Impact of Litigants' Baby-Facedness and Attractiveness on Adjudications in Small Claims Courts," *Law and Human Behavior* 15, no. 6 (1991): 603–623.
4. R. J. Sternberg, "A Systems Model of Leadership: WICS," *American Psychologist* 62, no. 1 (2007): 34.
5. J. S. Mueller, J. A. Goncalo, and D. Kamdar, "Recognizing Creative Leadership: Can Creative Idea Expression Negatively Relate to Perceptions of Leadership Potential?" *Journal of Experimental Social Psychology* 47, no. 2 (2011): 494–498.
6. A. R. Pratkanis, "The Attitude Heuristic and Selective Fact Identification," *British Journal of Social Psychology* 27, no. 3 (1988): 257–263.
7. L. Ross, "The False Consensus Effect: An Egocentric Bias in Social Perception and Attribution Processes," *Journal of Experimental Social Psychology* 13, no. 3 (1977): 279–301.
8. C. Heath, "On the Social Psychology of Agency Relationships: Lay Theories of Motivation Overemphasize Extrinsic Incentives," *Organizational Behavior and Human Decision Processes* 78, no. 1 (1999): 25–62.
9. R. Rosenblatt, "The 11th Commandment," *Family Circle*, December 21, 1993: 30–32.

第三章

1. K. Montee, "Astaire: He Danced His Way into Our Hearts," *Fort Lauderdale (FL) Sun-Sentinel*, June 23, 1987, http://articles.sun-sentinel.com/1987-06-23/features/8702230907_1_fred-astaire-top-hat-dancing.
2. D. T. Gilbert, "Ordinary Personology," *The Handbook of Social Psychology* 2 (1998): 89–150.

3. D. T. Gilbert, B. W. Pelham, and D. S. Krull, "On Cognitive Busyness: When Person Perceivers Meet Persons Perceived," *Journal of Personality and Social Psychology* 54, no. 5 (1988): 733.
4. D. Kahneman, *Thinking, Fast and Slow* (New York: Farrar, Straus, and Girous, 2011).〔ダニエル・カーネマン『ファスト&スロー――あなたの意思はどのように決まるか？』早川書房刊、2012年〕
5. D. T. Gilbert, "Ordinary Personology," in *Handbook of Social Psychology*, vol. 2, eds. S. T. Fiske, D. T. Gilbert, and G. Lindzey (New York: McGraw-Hill, 1998), 97.
6. E. E. Jones and V. A. Harris, "The Attribution of Attitudes," *Journal of Experimental Social Psychology* 3, no. 1 (1967): 1–24.
7. M. Bertrand and S. Mullainathan, "Are Emily and Greg More Employable Than Lakisha and Jamal? A Field Experiment on Labor Market Discrimination" (working paper no. 9873, National Bureau of Economic Research, 2003).
8. J. Creswell and L. Thomas Jr., "The Talented Mr. Madoff," *New York Times*, January 24, 2009, www.nytimes.com/2009/01/25/business/25bernie.html?pagewanted=all.
9. G. V. Bodenhausen, "Stereotypes as Judgmental Heuristics: Evidence of Circadian Variations in Discrimination," *Psychological Science* 1, no. 5 (1990): 319–322.
10. P. G. Devine, "Stereotypes and Prejudice: Their Automatic and Controlled Components," *Journal of Personality and Social Psychology* 56, no. 1 (1989): 5.

第四章

1. CNN, "Transcript: Bush, Putin News Conference," CNN.com, June 18, 2001, http://edition.cnn.com/2001/WORLD/europe/06/18/bush.putin.transcript/.
2. G. Casimir, K. Lee, and M. Loon, "Affective Commitment and Knowledge Sharing: Influence of Trust and the Perceived Cost of Knowledge Sharing," *Journal of Knowledge Management* 16, no. 5 (2012):740–753.
3. R. D. Costigan et al., "Revisiting the Relationship of Supervisor Trust and

CEO Trust to Turnover Intentions," *Journal of World Business* 46, no. 1(2011): 74–83.

4. J. Guinot, R. Chiva, and V. Roca-Puig, "Interpersonal Trust, Stress, and Satisfaction at Work: An Empirical Study," *Personnel Review* 43 (2014).
5. C. Crossley, C. Cooper, and T. Wernsing, "Making Things Happen through Challenging Goals: Leader Proactivity, Trust, and Business Unit Performance," *Journal of Applied Psychology* 98, no. 3 (2013): 540–549.
6. S. T. Fiske, A. J. Cuddy, and P. Glick, "Universal Dimensions of Social Cognition: Warmth and Competence," *Trends in Cognitive Sciences* 11, no. 2 (2007): 77–83.
7. A. J. Cuddy, M. Kohut, and J. Neffinger, "Connect, Then Lead," *Harvard Business Review* 91, no. 7 (2013): 54–61.
8. D. S. Holoien and S. T. Fiske, "Downplaying Positive Impressions: Compensation Between Warmth and Competence in Impression Management," *Journal of Experimental Social Psychology* 49 (2013): 33–41.
9. R. Gifford, "A Lens-Mapping Framework for Understanding the Encoding and Decoding of Interpersonal Dispositions in Nonverbal Behavior," *Journal of Personality and Social Psychology* 66, no. 2 (1994): 398–412.
10. A. W. Brooks, H. Dai, and M. E. Schweitzer, "I'm Sorry About the Rain! Superfluous Apologies Demonstrate Empathic Concern and Increase Trust," *Social Psychological and Personality Science* 5, no. 4 (2013): 467–474.
11. B. C. Gunia, J. M. Brett, and A. Nandkeolyar, "Trust Me, I'm a Negotiator: Using Cultural Universals to Negotiate Effectively, Globally," *Organizational Dynamics* 43 (2014): 27–36.
12. N. A. Murphy, "Appearing Smart: The Impression Management of Intelligence, Person Perception Accuracy, and Behavior in Social Interaction," *Personality and Social Psychology Bulletin* 33, no. 3 (2007): 325–339.
13. F. Righetti and C. Finkenauer, "If You Are Able to Control Yourself, I Will Trust You: The Role of Perceived Self-control in Interpersonal Trust," *Journal of Personality and Social Psychology* 100, no. 5 (2011): 874.
14. Ibid.
15. T. Chamorro-Premuzic and A. Furnham, *Personality and Intellectual Competence* (East Sussex, UK: Psychology Press, 2014).

16. A. J. Cuddy, C. A. Wilmuth, and D. R. Carney, "The Benefit of Power Posing Before a High-Stakes Social Evaluation" (working paper, Harvard Business School, Boston, 2012).
17. Z. L. Tormala, J. S. Jayson, and M. I. Norton, "The Preference for Potential," *Journal of Personality and Social Psychology* 103, no. 4 (2012): 567.
18. Holoien and Fiske, "Downplaying Positive Impressions."
19. A. J. Cuddy, Susan T. Fiske, and P. Glick, "Warmth and Competence as Universal Dimensions of Social Perception: The Stereotype Content Model and the BIAS Map," in *Advances in Experimental Social Psychology*, vol. 40, ed. M. P. Zanna (New York: Academic Press, 2008), 61–149.
20. C. M. Judd, L. James-Hawkins, V. Yzerbyt, and Y. Kashima, "Fundamental Dimensions of Social Judgment: Understanding the Relations Between Judgments of Competence and Warmth," *Journal of Personality and Social Psychology* 89 (2005): 899–913.

第五章

1. D. Adams, *Dirk Gently's Holistic Detective Agency* (New York: Simon & Schuster, 1987).〔ダグラス・アダムス『ダーク・ジェントリー全体論的探偵事務所』河出文庫、2017 年〕
2. J. C. Magee and P. K. Smith, "The Social Distance Theory of Power," *Personality and Social Psychology Review* 17, no. 2 (2013):158–186.
3. C. Anderson and A. D. Galinsky, "Power, Optimism, and Risk Taking," *European Journal of Social Psychology* 36, no. 4 (2006): 511–536.
4. P. K. Piff et al., "Higher Social Class Predicts Increased Unethical Behavior," *Proceedings of the National Academy of Sciences* 109, no. 11(2012): 4086–4091.
5. J. Hogeveen, M. Inzlicht, and S. S. Obhi, "Power Changes How the Brain Responds to Others," *Journal of Experimental Psychology: General* 143, no. 2 (2014): 755–762.
6. S. A. Goodwin et al., "Power Can Bias Impression Processes: Stereotyping Subordinates by Default and by Design," *Group Processes and Intergroup Relations* 3, no. 3 (2000): 227–256.
7. Ibid.
8. R. Rodríguez-Bailón, M. Moya, and V. Yzerbyt, "Cuando el poder ostentado

es inmerecido: sus efectos sobre la percepción y los juicios sociales" [When power is undeserved: its effects on perception and social judgments], *Psicothema* 18, no. 2 (2006): 194–199.

9. J. R. Overbeck and B. Park, "Powerful Perceivers, Powerless Objects: Flexibility of Powerholders' Social Attention," *Organizational Behavior and Human Decision Processes* 99, no. 2 (2006): 227–243.

第六章

1. M. Agthe, M. Spörrle, and J. K. Maner, "Does Being Attractive Always Help? Positive and Negative Effects of Attractiveness on Social Decision Making," *Personality and Social Psychology Bulletin* 37, no. 8 (2011): 1042–1054.
2. Ibid.
3. N. D. Weinstein, "Unrealistic Optimism About Susceptibility to Health Problems," *Journal of Behavioral Medicine* 5, no. 4 (1982): 441–460.
4. In D. G. Myers, *Social Psychology* , 9th ed. (New York: McGraw Hill, 2007).
5. A. Tesser, M. Millar, and J. Moore, "Some Affective Consequences of Social Comparison and Reflection Processes: The Pain and Pleasure of Being Close," *Journal of Personality and Social Psychology* 54, no. 1(1988): 49.
6. M. Hewstone, M. Rubin, and H. Willis, "Intergroup Bias," *Annual Review of Psychology* 53, no. 1 (2002): 575–604.
7. S. Fein and S. J. Spencer, "Prejudice as Self-Image Maintenance: Affirming the Self through Derogating Others" *Journal of Personality and Social Psychology* 73, no. 1 (1997): 31.
8. R. B. Cialdini and K. D. Richardson, "Two Indirect Tactics of Image Management: Basking and Blasting," *Journal of Personality and Social Psychology* 39, no. 3 (1980): 406.
9. Ari Emanuel, quoted in E. Bumiller, "The Brothers Emanuel," *New York Times*, June 15, 1997, www.nytimes.com/1997/06/15/magazine/the-brothers-emanuel.html?src=pm&pagewanted=2.
10. H. Tajfel and J. C. Turner, "The Social Identity Theory of Intergroup Behavior," in *Political Psychology: Key Readings* , eds. J. T. Jost and J. Sidanius (New York: Psychology Press, 2004).
11. H. Tajfel, "Social Psychology of Intergroup Relations," *Annual Review of*

Psychology 33, no. 1 (1982): 1–39.

第七章

1. E. T. Higgins, "Promotion and Prevention: Regulatory Focus as a Motivational Principle," *Advances in Experimental Social Psychology* 30 (1998): 1–46.
2. H. G. Halvorson and E. T. Higgins, *Focus: Use Different Ways of Seeing the World for Success and Influence* (New York: Penguin, 2013).
3. P. B. Baltes, U. M. Staudinger, and U. Lindenberger, "Lifespan Psychology: Theory and Application to Intellectual Functioning," *Annual Review of Psychology* 50, no. 1 (1999): 471–507.
4. E. T. Higgins, J. Shah, and R. Friedman, "Emotional Responses to Goal Attainment: Strength of Regulatory Focus as Moderator," *Journal of Personality and Social Psychology* 72, no. 3 (1997): 515.
5. D. Van Dijk and A. N. Kluger, "Feedback Sign Effect on Motivation: Is It Moderated by Regulatory Focus?" *Applied Psychology* 53, no. 1 (2004): 113–135.
6. H. Plessner et al., "Regulatory Fit as a Determinant of Sport Performance: How to Succeed in a Soccer Penalty-Shooting," *Psychology of Sport and Exercise* 10, no. 1 (2009): 108–115.
7. Ibid.
8. V. K. Bohns et al., "Opposites Fit: Regulatory Focus Complementarity and Relationship Well-Being," *Social Cognition* 31, no. 1 (2013): 1–14.
9. J. Cesario, H. Grant, and E. T. Higgins, "Regulatory Fit and Persuasion: Transfer from 'Feeling Right,'" *Journal of Personality and Social Psychology* 86, no. 3 (2004): 388.

第八章

1. J. Bowlby, *A Secure Base: Parent-Child Attachment and Healthy Human Development* (New York: Basic Books, 1988).〔ジョン・ボウルビィ『母と子のアタッチメント——心の安全基地』医歯薬出版刊、1993 年〕
2. C. Hazan and P. Shaver, "Romantic Love Conceptualized as an Attachment Process," *Journal of Personality and Social Psychology* 52, no. 3 (1987): 511.
3. K. Bartholomew and P. R. Shaver, "Methods of Assessing Adult

Attachment," in *Attachment Theory and Close Relationships*, ed. J. A. Simpson and W. S. Rholes (New York: Guilford, 1998), 25–45.

4. Hazan and Shaver, "Romantic Love Conceptualized as an Attachment Process."
5. Bartholomew and Shaver, "Methods of Assessing Adult Attachment."
6. S. R. Levy, O. Ayduk, and G. Downey, "The Role of Rejection Sensitivity in People's Relationships with Significant Others and Valued Social Groups," in *Interpersonal Rejection*, ed. M. R. Leary (New York: Oxford University Press, 2001), 251.
7. G. Downey and S. I. Feldman, "Implications of Rejection Sensitivity for Intimate Relationships," *Journal of Personality and Social Psychology* 70, no. 6 (1996): 1327.
8. Bartholomew and Shaver, "Methods of Assessing Adult Attachment."

第九章

1. G. B. Moskowitz and P. Li, "Egalitarian Goals Trigger Stereotype Inhibition: A Proactive Form of Stereotype Control," *Journal of Experimental Social Psychology* 47, no. 1 (2011): 103–116.
2. G. B. Moskowitz, P. Li, C. Ignarri, and J. Stone, "Compensatory Cognition Associated with Egalitarian Goals," *Journal of Experimental Social Psychology* 47, no. 2 (2011): 365–370.
3. J. M. Burger and D. F. Caldwell, "The Effects of Monetary Incentives and Labeling on the Foot-in-the-Door Effect: Evidence for a Self-Perception Process," *Basic and Applied Social Psychology* 25, no. 3 (2003): 235–241.
4. Moskowitz, Li, Ignarri, and Stone, "Compensatory Cognition."
5. G. Keinan, "The Effects of Stress and Desire for Control on Superstitious Behavior," *Personality and Social Psychology Bulletin* 28, no. 1 (2002): 102–108.
6. L. Hildebrand-Saints and G. Weary, "Depression and Social Information Gathering," *Personality and Social Psychology Bulletin* 15, no. 2 (1989): 150–160.
7. W. B. Swann, B. Stephenson, and T. S. Pittman, "Curiosity and Control: On the Determinants of the Search for Social Knowledge," *Journal of Personality and Social Psychology* 40, no. 4 (1981): 635.

8. S. C. Thompson and M. M. Schlehofer, "The Many Sides of Control Motivation," in *Handbook of Motivation Science* , eds. James Y. Shah and Wendi L. Gardner (New York: Guilford Press, 2008), 41.
9. R. Fehr, M. J. Gelfand, and M. Nag, "The Road to Forgiveness: A Meta-analytic Synthesis of Its Situational and Dispositional Correlates," *Psychological Bulletin* 136, no. 5 (2010): 894.

本書は、二〇一五年十月に早川書房より単行本『だれもわかってくれない——あなたはなぜ誤解されるのか』として刊行された作品を改題・文庫化したものです。

あなたの人生の意味（上・下）

The Road to Character

デイヴィッド・ブルックス
夏目 大訳

ハヤカワ文庫ＮＦ

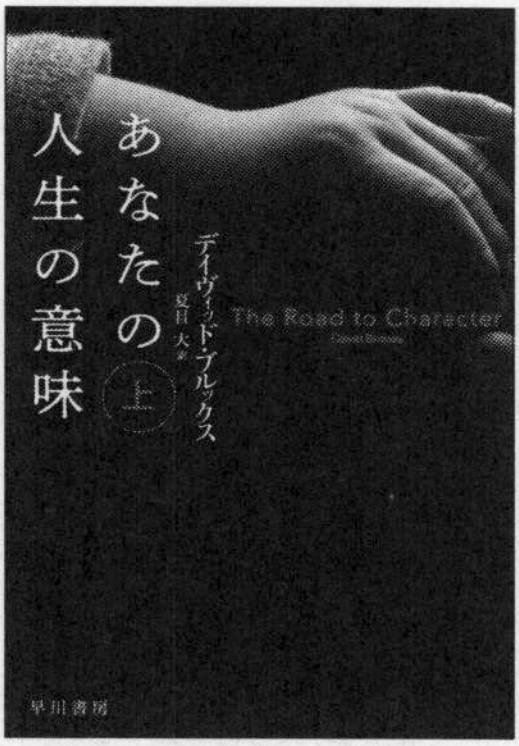

履歴書に書ける立派な経歴と、葬儀で偲ばれる故人の人柄。本当に大切なのは後者だが――《ＮＹタイムズ》の名コラムニストが偉大な男女一〇人の生涯を通して「生きる意味」を問い直す。ビル・ゲイツが感嘆し、《エコノミスト》誌で年間ベストに選ばれた大人のための『君たちはどう生きるか』。

解説／会田弘継

ハーバードの人生が変わる東洋哲学
悩めるエリートを熱狂させた超人気講義
The Path
What Chinese Philosophers Can Teach Us About the Good Life
Michael Puett & Christine Gross-Loh
マイケル・ピュエット＆クリスティーン・グロス＝ロー
熊谷淳子訳
早川書房

樹木たちの知られざる生活

——森林管理官が聴いた森の声

Das geheime Leben der Bäume

ペーター・ヴォールレーベン

長谷川　圭訳

ハヤカワ文庫ＮＦ

樹木には驚くべき能力と社会性があった。子を教育し、会話し、ときに助け合う。一方で熾烈な縄張り争いを繰り広げる。音に反応し、数をかぞえ、長い時間をかけて移動さえする。ドイツで長年、森林管理をしてきた著者が、豊かな経験と科学的事実をもとに綴る、樹木への愛に満ちあふれた世界的ベストセラー！

Skyfaring

グッド・フライト、グッド・ナイト

——パイロットが誘う最高の空旅

マーク・ヴァンホーナッカー

岡本由香子訳

ハヤカワ文庫ＮＦ

高度三万フィートから見下ろす絶景、精密、かつダイナミックなジェット機の神秘、空を愛する同僚たちとの邂逅……雲の上は、信じられないほど感動に満ちている。ボーイング７４７の現役パイロットが空と飛行機について語る。多くのメディアで年間ベストブックに選ばれた極上のエッセイ。　解説／眞鍋かをり

音楽嗜好症（ミュージコフィリア）

——脳神経科医と音楽に憑かれた人々

MUSICOPHILIA

オリヴァー・サックス
大田直子訳

ハヤカワ文庫ＮＦ

音楽と人間の不思議なハーモニー

落雷による臨死状態から回復するやピアノ演奏にのめり込んだ医師、ナポリ民謡を聴くと必ず、痙攣と意識喪失を伴う発作に襲われる女性、指揮や歌うことはできても物事を数秒しか覚えていられない音楽家など、音楽に「憑かれた」患者を温かく見守る医学エッセイ。

訳者略歴　翻訳家　慶應義塾大学文学部卒　訳書にトンプソン『ヒットの設計図』，バゼロン『ある日、私は友達をクビになった』（以上早川書房刊），エイカー『幸福優位７つの法則』，ベイズ『「今、ここ」に意識を集中する練習』など

HM=Hayakawa Mystery
SF=Science Fiction
JA=Japanese Author
NV=Novel
NF=Nonfiction
FT=Fantasy

だれもわかってくれない
傷つかないための心理学

〈NF554〉

二〇二〇年二月十五日　発行
二〇二一年九月十五日　二刷

（定価はカバーに表示してあります）

著　者　ハイディ・グラント・ハルヴァーソン
訳　者　高橋由紀子
発行者　早川　浩
発行所　株式会社　早川書房

郵便番号　一〇一 - 〇〇四六
東京都千代田区神田多町二ノ二
電話　〇三 - 三二五二 - 三一一一
振替　〇〇一六〇 - 三 - 四七七九九
https://www.hayakawa-online.co.jp

乱丁・落丁本は小社制作部宛お送り下さい。
送料小社負担にてお取りかえいたします。

印刷・中央精版印刷株式会社　製本・株式会社フォーネット社
Printed and bound in Japan
ISBN978-4-15-050554-7 C0111

本書は活字が大きく読みやすい〈トールサイズ〉です。